Mag. pharm. Bernd Milenkovics

Neue Rezepte
vom
Wurzelsepp

W0035250

ISBN 3-900696-61-6

© Verlag des Österreichischen Kneippbundes Ges. m. b. H., Kunigundenweg 10, A-8700 Leoben.
Autor: Mag. pharm. Bernd Milenkovics, Drogerie Wurzelsepp, Hauptplatz 5, A-8010 Graz.
Techn. Bearbeitung: Verlag des Österreichischen Kneippbundes Ges. m. b. H., A-8700 Leoben.
Druck: Obersteirische Druckerei, A-8700 Leoben.

1. Auflage   Leoben, Oktober 1995

Mag. pharm. Bernd Milenkovics

Neue Rezepte
vom
Wurzelsepp

KNEIPP-VERLAG   LEOBEN · WIEN · STUTTGART

Inhalt

Einleitung

Die Geschichte der Heilkräuter ist so alt wie die Geschichte der Menschheit. Am Anfang stand der Instinkt, so wie er auch heute noch Tiere leitet, bei Unpäßlichkeiten bestimmten Pflanzen den Vorzug zu geben. Der Mensch konnte dank seiner geistigen Fähigkeiten dieses Grundwissen ausbauen und verfeinern. Von Generation zu Generation wurden auf allen Kontinenten über Jahrhunderte Erfahrungen gesammelt und weitergegeben – die Pflanzenheilkunde florierte. Wurzeln, Rinden, Blätter, Blüten, Früchte, Samen – man experimentierte und erprobte, um die wirksamsten Teile zu lokalisieren und auf effizienteste Art zu nutzen.

Lange war das Wissen um Heilkräuter nur einigen Auserwählten vorbehalten, doch bald kam die Zeit, da auch eine gute Hausfrau über die richtigen Pflanzen zur Herstellung von Balsam, Öl, Kraftwasser, Sirup, Latwerge, Saft, Arznei-Wein, Pillen, Salzen, Pulver, Salben und Pflaster unterschiedlichster Wirkung Bescheid wußte. Schließlich waren Ärzte rar und ordinierten nicht gleich „ums Eck" – bis der Doktor eintraf, mußte die wohl sortierte Hausapotheke dem Patienten helfen oder ihn gar am Leben erhalten. Erst recht waren Heilkräuter dort gefragt, wo die wirtschaftliche Situation einen Arztbesuch ausschloß.

Als Ärzte nicht mehr ganz so selten (und teuer) waren, sank bei der Bevölkerung vorübergehend das Interesse an pflanzlichen Heilstoffen. Umso interessierter waren Forschung und Pharmaindustrie: Viele unserer erfolgreichsten modernen Arzneimittel enthalten Wirkstoffe, die aus der Pflanzenweit stammen – so das Morphium (aus dem Opium des Schlafmohns), das Strychnin (Brechnuß, Strychnos nux-vomica L.) oder das Chinin (aus der

Chinarinde). Agave (Agave L.) und Yamswurzel (Dioscorea L.) beispielsweise enthalten Stoffe, die zur Nachahmung von verschiedenen Hormonen nötig sind.

Es ist erstaunlich, wie exakt unsere Ahnen – trotz Aberglauben und Hokuspokus – die Möglichkeiten diverser Gewächse ausgelotet haben. Die Wissenschaft wird noch geraume Zeit benötigen, um allen Heilpflanzen ihre Geheimnisse zu entlocken, man darf noch auf so manche Überraschung gefaßt sein.

Dem zunehmenden Umweltbewußtsein verdankt die Pflanzenheilkunde heutzutage eine Renaissance. Mehr oder weniger chemieverdrossen, ist bei kleinen Befindlichkeitsstörungen der Griff zur Tablette nicht mehr obligat – man vertraut wieder auf die seit Jahrhunderten erprobten Heilkräfte der Natur. Ob als Salbe oder Tee, Badezusatz, Aromatherapie, Kapsel, Saft oder Elixier – Pflanzen stärken die körpereigenen Abwehrkräfte, lindern akute und chronische Leiden, beugen vor, helfen heilen und sind daher eine wichtige Ergänzung zur ärztlichen Therapie. Pflanzliche Wirkstoffe vermögen viel – man muß sie nur richtig einsetzen.

Die folgenden Seiten sollen einen Überblick über die wichtigsten Heilpflanzen, deren Wirkung und Anwendungsgebiete geben, sollen beim Aufbau einer individuell angepaßten pflanzlichen Hausapotheke helfen. Schließlich benötigt nicht jeder alles – und je besser die Information, desto leichter die Entscheidung.

Wirkung

Pflanzen als Vitaminspender sind jedermann geläufig. Sie liefern aber auch Spurenelemente (Zink, Eisen, Kobalt, Kupfer, Mangan, Lithium, Nickel usw.) und Mineralstoffe (Kalium, Kalzium, Natrium, Phosphor etc.). Glykoside (Saponine, Flavonoide, Blausäure-, Phenol-, Cumaringlykoside u.a.), Alkaloide, ätherische Öle, Bitter-, Schleim- und Gerbstoffe (Tannine) sind weitere Pflanzenbestandteile, deren Einfluß auf den menschlichen Organismus nachgewiesen ist. Natürlich ist diese Aufzählung pflanzlicher Wirkstoffe unvollständig, doch repräsentiert sie die charakteristischsten Inhaltsstoffe, auf die es bei Heilerfolgen ankommt.

Selbstverständlich wirkt nicht eine Komponente allein; das harmonische Zusammenspiel verschiedener Bestandteile macht den besonderen gesundheitlichen Nutzen der Heilpflanzen aus – die Drogenkeule des isolierten, konzentrierten Wirkstoffes wird vermieden.

Glykoside ist der „Familienname" unterschiedlicher Stoffe, die alle Pflanzen auf ein und dieselbe Art herstellen. Dazu gehören das Digitalis des Fingerhutes (für das Herz), das Querzetin im Blatt der Stieleiche oder das Cumarin im Honigklee, der auf Venen wirkt und bei Krampfadern und Hämorrhoiden eingesetzt wird.

Alkaloide sind eigentlich giftig, aber – wie so oft im Leben – hängt „gut" oder „böse" von der Dosis ab. Es gibt an die tausend verschiedene Alkaloide; so finden sich allein in der Milch unreifer Schlafmohnkapseln 25 verschiedene Sorten. Tabakpflanzen (Nikotin), Kaffeestrauch, Chinarindenbaum, Tollkirsche (Atropin) sind die bekanntesten – man schätzt, daß etwa 15 Prozent aller

Blütenpflanzen über Alkaloide in unterschiedlicher Konzentration verfügen. Vor allem die pharmazeutische Industrie ist auf Alkaloide angewiesen. Für den Hausgebrauch kommen nur Heilpflanzen mit geringer Dosis in Frage, dort unterstützen sie die Heilwirkung der Pflanze, ohne selbst wesentlich hervorzutreten.

Ätherische Öle machen sich vor allem für die Nase bemerkbar – in den meisten Fällen angenehm. Es gibt fast keine Pflanze ohne Duft, also ohne ätherisches Öl, aber für die Hausapotheke sind nur Gewächse mit besonders viel Öl interessant. An der Gesundheitsfront sind diese Öle harntreibend im Einsatz, stärkend für die Verdauungsorgane, krampflösend und desinfizierend. Es sind die ätherischen Öle, die das Abhusten erleichtern und Viren, Bakterien sowie Pilze bekämpfen. Salbei zum Beispiel hat viel ätherisches Öl und ist dementsprechend vielseitig anwendbar.

Weitere wichtige Bestandteile des Salbeis sind seine Gerb- und Bitterstoffe. Viele Pflanzen schmecken bitter, die einheimischen meist aromatisch-bitter. Wermut, Schafgarbe, Engelwurz, Kalmus, Tausendguldenkraut und Enzian gehören zu den bekanntesten Vertretern. Bitterstoffe locken die Magensäfte hervor und wirken allgemein kräftigend. Eine Kur mit Tausendguldenkraut beispielsweise bringt Rekonvaleszente sowie nervös erschöpfte oder blutarme Menschen wieder auf die Beine.

Gerbstoffe können Eiweißstoffe in Haut und Schleimhaut binden. Diese Fähigkeit ist zur Bakterienbekämpfung wichtig. Gurgeln, Umschläge, Teilbäder sind die typischen Verabreichungsformen für Eichenrinde und Blutwurz. Als Notbremse bei Durchfall sind gerbstoffhältige Pflanzen Spitze, zum Beispiel Mäuseklee und getrocknete Heidelbeeren.

Der Vollständigkeit halber müssen auch noch die pflanzlichen **Schleimstoffe** genannt werden, die vor allem bei Schleimhautentzündungen (Atemwege, Verdauungstrakt) helfen. Sie bilden einen schützenden Film über den erkrankten Stellen, darunter kann der Heilungsprozeß ungestört erfolgen. Eibisch ist so ein nützlicher Schleimlieferant, ebenso Leinsamen.

Wie schon erwähnt, hat natürlich keine der Heilpflanzen lediglich einen einzigen der wirkungsvollen Bestandteile. Es gibt immer mehrere Wirkstoffgruppen in einem Gewächs. Das „Kraut gegen alles" ist noch nicht entdeckt, aber sehr wohl sind etliche Kräuter bekannt, die gegen mehrere gesundheitliche Störungen gleichzeitig helfen. Diese Vielseitigkeit ermöglicht auch, für jeden Menschen sozusagen eine maßgeschneiderte Kräuterauswahl zu treffen. Ein Beispiel ist die Heidelbeere: In frischem Zustand wirkt sie abführend, getrocknet bremst sie Durchfall, getrocknet als Tee zum Gurgeln und Spülen aufgekocht, bekämpft sie Zungenentzündung und Entzündungen der Mundschleimhaut. Und schließlich verwendete man früher die Blätter der Heidelbeerpflanze als Diabetesmittel. Davon ist heute abzuraten, weil bei Dauergebrauch eine Hydrochinonvergiftung auftreten kann.

Zubereitungen

Die wirksamen Substanzen der Pflanzen werden auf die verschiedenartigste Weise gewonnen und weiter verarbeitet. Oft sind jedoch die Unterschiede nicht ganz klar. Die folgenden Erläuterungen sollen bei der Orientierung helfen. Eines gleich vorweg: Aufgüsse und Abkochungen sind ausschließlich frisch zu verwenden. Schon nach ein paar Stunden sind sie wirkungslos bis schädlich und müssen weggeschüttet werden. Sirup darf einige Tage „alt" sein.

Beim **Absud** und bei der **Abkochung** werden die Pflanzenteile mit kaltem Wasser zugestellt und dem Rezept entsprechend kürzer oder länger gekocht. Holzige Wurzeln und Rinden müssen oft 30 Minuten lang kochen. Das Zudecken des Gefäßes ist wichtig, damit sich die Wirkstoffe nicht verflüchtigen.

Der **Aufguß** ist die bekannteste Art – die meisten Tees werden auf diese Art zubereitet: Siedendes Wasser über die Pflanzenteile schütten und dann – meist zugedeckt – vor dem Abseihen einige Zeit (laut jeweiliger Vorschrift) stehen lassen.

Bei **Augenwasser** muß die Herstellung unter besonderen hygienischen Aspekten erfolgen – höchste Reinheit ist nötig. Ausschließlich abgekochtes Wasser ist zu verwenden, und der Filter vor dem Abfüllen muß besonders fein sein, damit ja kein Fremdkörper ins Auge gelangen kann.

Dämpfe müssen in den meisten Fällen eingeatmet (inhaliert) werden, oder sie sollen auf die Gesichtshaut einwirken. Das Wasser mit den jeweiligen Kräutern oder Extrakten muß in einem weiten, offenen Gefäß nahe am Siedepunkt gehalten werden.

Ein **Destillat** ist mit Wasser oder Alkohol durchführbar. Die Pflanzenbestandteile (Kräuter, Früchte, Wurzeln) müssen in der Flüssigkeit ziehen, um ihre Wirkstoffe abzugeben. Anschließend wird destilliert.

Zum **Elixier** gehören Alkohol und Zucker, worin Pflanzen oder deren Extrakte bestimmte Zeiten ziehen müssen.

Extrakte haben meist getrocknete Pflanzen als Ausgangsbasis. Sie werden in Wasser, Alkohol oder auch Äther aufgelöst, ein Teil der Flüssigkeit wird anschließend verdampft. Über die Konzentration entscheidet die Verdampfungsmenge. Flüssige Extrakte weisen eine schwächere Konzentration auf, zähflüssige Extrakte haben eine starke Konzentration der Wirkstoffe. Man erhält sie durch längeres Eindampfen.

Auch **Honig** kann Grundlage der Pflanzenheilmittel sein. Entweder werden die wirksamen Pflanzenteile in Honig eingelegt, oder der wäßrige Pflanzenauszug wird mit Honig gemischt.

Ein **Kaltauszug** verzichtet auf Hitzebehandlung, die manche Wirkstoffe nicht vertragen. Die Pflanze wird über Stunden, oft auch Tage oder Wochen, in kalter Flüssigkeit (Wasser, aber auch Öl, Wein oder reinem Alkohol) angesetzt und an einen kühlen Ort (aber nicht in den Eiskasten) gestellt.

Das **Liniment** ist ein (dick-) flüssiges Mittel, oft mit Öl oder Alkohol, das zur Heilung von Verletzungen, aber auch zur Linderung von Muskelschmerzen und Rheumatismus auf der entsprechenden Körperstelle eingerieben wird.

Zur **Lösung** gehört Wasser bzw. Alkohol, Öl oder Äther usw. als Lösungsmittel, in dem die jeweiligen Substanzen aufgelöst werden.

Wird **Milch** angeraten, so bleibt in diesem Fall die Kuh aus dem Spiel: Ölhaltige Körner werden in Wasser zerstoßen. Mandelmilch beispielsweise entsteht so.

Eine **Mixtur** hat immer mehrere Bestandteile, wobei aber meist Pflanzen mit ähnlicher Wirkung vermischt werden, um diese zu verstärken.

Öl kann aus vielerlei Grundsubstanzen gewonnen werden. Pflanzenöl entsteht durch Auspressen von Früchten und Samen. Bei Heilölen muß die Pflanze (Wurzeln oder getrocknete Pflanzenteile) in Öl ziehen.

Für **Pasten** bilden Zucker und Arabischer Gummi die Grundlage, der man die heilkräftigen Substanzen beimengt.

Pomade erhält man, wenn die wirksamen Substanzen in Fettkörpern gelöst werden. **Puder** – allerdings nicht für das Make-up – gewinnt man aus getrockneten Pflanzen, die im Mörser zerrieben werden, auch eine Mühle kann gute Dienste leisten. Die pudrige Beschaffenheit der Kräuter erleichtert deren Beimengung zu Extrakten etc. und auch die Auflösung in Flüssigkeiten.

Als **Saft** wird jene pure Flüssigkeit bezeichnet, die durch Auspressen der jeweiligen Pflanzen, Wurzeln oder Früchte gewonnen wird.

Sirup ist sozusagen „veredelter" Aufguß oder Absud: Zucker oder andere Süßstoffe sind zugesetzt.

Die **Tinktur** hat in den meisten Fällen eine alkoholische Basis: Die Wirkstoffe werden in Alkohol aufgelöst, wobei das Mischungsverhältnis ein Teil Pflanzensubstanz und fünf Teile Alkohol ist. Äther, Wein oder Essig werden seltener für Tinkturen verwendet.

Das **Tonikum** ist ein kräftigendes Mittel, dient zur Stärkung nach Erschöpfungszuständen und Krankheiten und enthält meist Vitamine, Spurenelemente, Kräuterextrakte, Lecithin und ähnliches.

Eine **Urtinktur** läßt sich auf zwei Arten herstellen. Entweder fügt man dem durch Auspressen der Pflanzen gewonnenen Saft die gleiche Gewichtsmenge 90 %igen Alkohol hinzu und läßt das Gemisch vor dem Filtern einige Tage stehen, oder man läßt die frischen Pflanzen (oder deren wirksame Teile) in der gleichen Gewichtsmenge 95 %igen Alkohols acht Tage ziehen, bevor man filtert.

Wein wird zur speziellen Medizin, wenn man Blätter oder Rinde, manchmal auch Wurzeln der Heil- und Gewürzpflanzen darin ziehen läßt.

Anwendungs-
möglichkeiten

Es gibt eine Vielfalt von Einwirkungsmöglichkeiten.

Augentropfen werden mittels Pipette direkt auf die Bindehaut geträufelt oder als Augenbad angewendet, wobei es dafür speziell geformte Augenwannen aus Glas gibt.

Das entsprechende **Bad** vermittelt bei vielerlei gesundheitlichen Störungen Erleichterung. Neben Vollbädern werden oft auch Sitzbäder, Arm- und Fußbäder empfohlen. Beim Kräuterbad nimmt man im allgemeinen 500 g Trockenkräuter auf 2 – 3 Liter Wasser, wenn es eine Abkochung oder ein Aufguß aus getrockneten Pflanzenteilen sein soll. Auch wäßrige Extrakte oder emulgierte ätherische Öle finden Verwendung.

Breiumschläge sind vor allem bei Hautschäden gefragt – sowohl zur Heilung als auch zur Aufweichung oder Reizung.

Die **Einpinselung** ist – anders als das Gurgeln – ausschließlich für Zahnfleisch und Zunge bestimmt und wird mittels weichem Pinsel aufgetragen.

Mit **Gurgeln** bekämpft man von alters her Probleme im Bereich von Mund, Hals, Rachen, Mandeln und Schleimhaut. Gurgelwasser soll nicht geschluckt werden.

Inhalationen wirken nicht nur bei Atemwegserkrankungen und verstopfter Nase – über die Lunge können auch Wirkstoffe für „fernere" Organe vom Körper aufgenommen werden. Die „klassische" Inhalation – Kopf unter einem Tuch über dem dampfenden Topf mit dem heilenden Wirkstoff – wird zunehmend von handlichen Inhalationsgeräten abgelöst.

Das **Klistier,** der Einlauf, war früher ein beliebtes Mittel bei „Bauchweh". Mittels Darmkanüle oder Klistierbirne wird entsprechende Flüssigkeit in den Dickdarm eingeführt, um entweder erweichende oder zusammenziehende Wirkung zu erzielen.

Kompressen sind bei vielen Gelegenheiten hilfreich. Diese Umschläge, meist ein Tuch entsprechender Größe, werden mit lindernder Flüssigkeit bestrichen und längere Zeit auf der erkrankten Körperstelle belassen. Warme Umschläge bleiben nur kurze Zeit auf der Haut.

Bei der **Packung** werden die – meist gekochten – Pflanzenteile in ein Tuch eingeschlagen und aufgelegt.

Pflaster sind nicht nur als sterile Wundabdeckung gebräuchlich, sie können auch ein sehr heilsames „Innenleben" haben: Heilstoffe haften, unterstützt durch Fette, Harze, manchmal auch Wachs in dieser halbfesten Konsistenz als Pflaster oft besser als Salben.

Unter **Spülung** versteht man (neben dem Klistier) das Einführen von Flüssigkeit – meist abgekühlter Aufguß oder Absud – in Körperöffnungen wie Nase, Ohren, Scheide.

Hausapotheke

Es gibt eine Reihe von Unpäßlichkeiten, welchen mit einer Heilkräuter-Hausapotheke auf natürliche Weise begegnet werden kann. Von Durchfall, Verstopfung und beleidigtem Magen, aber auch von Erkältungskrankheiten (Husten, Fieber, Schnupfen, Halsschmerzen) sowie geringfügigen Blessuren der Haut wird jeder hin und wieder heimgesucht. Mittel dagegen sollten in keiner Hausapotheke fehlen. Dazu kommen jene Kräuter, die auf die individuellen, persönlichen Schwachstellen abgestimmt sind: Blase und Nieren oder Leber, Galle, Herz, Blutdruck, Venen, Durchblutungsstörungen und vieles mehr.

In der Folge finden Sie in Kapiteln geordnet zu den einzelnen Unpäßlichkeiten bzw. Befindlichkeitsstörungen zuerst die wirksamen Heilkräuter samt genauen Hinweisen für die richtige Anwendung. Danach lesen Sie, welche bewährten und wirksamen Heilpflanzen-Teemischungen es für das gesundheitliche Problem gibt.

<u>Warum nun Teemischungen?</u>

Jede Heilpflanze übt durch ihre Inhaltsstoffe ganz bestimmte Wirkungen aus. Diese Wirkungen können Sie verstärken, wenn Sie verschiedene Pflanzen kombinieren, deren Inhaltsstoffe sich sinnvollerweise ergänzen.

Der dritte Teil jedes Kapitels handelt von <u>Hausmitteln</u>, also von Dingen wie Franzbranntwein, Magentropfen, Melissengeist, Wadenwickel, Auflagen usw.

Viele Menschen schwören auch heute noch auf die Wirkung dieser alten, aber bewährten Hausmittel, mit denen man sich selber kurieren kann. Natürlich müssen Sie – wie auch bei den Kräutern – sehr genau über die richtige Anwendung und die Grenzen eines Hausmittels Bescheid wissen. Viele von Großmutters Mitteln und Mittelchen, mit denen man früher linderte und heilte, gehören auch heute zu den anerkannten Helfern für unsere Gesundheit. Hausmittel sind also nichts Altväterisches, sondern meist ein Geheimtip, den man gezielt und erfolgreich anwenden kann. Für unsere Ahnen war das klar, die Großmütter und Mütter kannten sich aus und gaben es an ihre Töchter weiter. Heute sind wir modernen Menschen bisweilen hilflos und suchen Rat, Ermunterung oder auch begründete Ablehnung. Ihnen ist dieses Gebiet der Heilkunst gewidmet, da Hausmittel in der Selbstmedikation wieder eine größere Beliebtheit erlangen.

Verdauung

Die Verdauungsorgane sind am ehesten „beleidigt". Mittel für Magen, Darm, Leber, Galle, Blase und Niere nehmen daher in der Kräuter-Hausapotheke meist den größten Platz ein.

Abführmittel

Faulbaum (Schwarzerle), *Frangula alnus Mill.*

Der bis zu sechs Meter hohe Strauch, der in feuchten Laubwäldern zu finden ist, gehört zu den Kreuzdorngewächsen. Verwendet wird die Rinde, allerdings erst nach einjähriger Trockenzeit, denn frisch genossen erzeugt sie Brechreiz.

Zubereitung: Einen Teelöffel geschnittene Rinde mit $^1/_4$ l kaltem Wasser kurz aufkochen und abseihen. Eine andere Möglichkeit: Die Rinde 12 Stunden lang in kaltem Wasser unter mehrmaligem Umrühren ausziehen lassen und dann abseihen.

Anwendung: Beide Teeversionen werden lauwarm vor dem Schlafengehen getrunken.

Zu beachten: Da Faulbaumrinde, Sennesblätter und -früchte sowie Aloe und Rhabarber auf den Dickdarm wirken (für Schwangere und Stillende sind alle nicht erlaubt), soll er – wie alle Abführmittel – nur als „Nothelfer" und nicht ständig verwendet werden. Bei hartnäckiger Obstipation ist Leinsamen zu empfehlen.

Sonstiges: Für Frühjahrs- und Herbstkur-Teemischungen sollte man auf Zusätze von anthrachinonhältigen Kräutern verzichten, da diese Kuren länger als drei Wochen dauern, und dann die nachteiligen Folgen auch im Gemisch schon spürbar sind. Die Faulbaumrinde ist bei Galle- und Leberleiden sowie bei Hämorrhoiden hilfreich.

Lein (Flachs), *Linum usitatissimum L.*

Schon in der Steinzeit wurde Lein als Nutzpflanze angebaut und in der Folge vielseitig verwendet. Als Mittel gegen chronische Verstopfung sind die öl- und schleimhältigen Samen mit ihrem großen Quellvermögen interessant. Leinsamen vermehrt das Volumen des Darmes, der dadurch ausgelöste Dehnungsreiz animiert die Peristaltik (Eigenbewegung des Darmes) und Stockendes gerät wieder in Gang. Allerdings: Geduld ist nötig!

Zubereitung: Leinsamen zerquetschen oder grob mahlen, aber nicht einweichen – er soll erst im Darm quellen. Mit Fruchtmus oder Honig vermischt (auch mit Milchzucker 1 : 1) ist die Wirkung noch nachhaltiger.

Anwendung: Morgens und abends jeweils mindestens zwei Eßlöffel voll. Dazu 1/2 Liter Flüssigkeit trinken. Und wie gesagt: Nicht die Geduld verlieren. Sanfte Wirkung braucht ihre Zeit ...

Sonstiges: Leinsamenaufguß (mit siedendem Wasser überbrühen) hilft bei Entzündungen in Mund und Rachen (gurgeln) sowie bei Reizhusten, Heiserkeit und Magenschleimhautentzündung (lauwarm trinken). Leinsamen als Breiumschlag ist schmerzlindernd und erweicht Geschwüre und Furunkel.

Sennesblätter und Sennesfrüchte, *Cassia senna L.*

Verwendet werden die getrockneten Fiederblättchen (Blätter), die Sennesfrüchte sind die reifen getrockneten Früchte.

Zubereitung: Abhängig von Größe und Gewicht des Patienten zwischen einem halben bis zu einem gehäuften Teelöffel der getrockneten Blätter bzw. Früchte auf ein $1/4$ Liter Wasser. Gelegentlich ist es eine Streitfrage, ob ein Kaltansatz oder ein Aufguß die geeignete Zubereitungsart für Sennestee ist. Verträglicher ist es auf jeden Fall, wenn man den Kaltansatz 8 bis 12 Stunden ziehen läßt. Kolikartige Leibschmerzen („Bauchschneiden"), wie sie beim Aufguß manchmal vorkommen, werden dabei nicht beobachtet. Der Tee wird am besten morgens angesetzt und am Abend getrunken. Nach etwa 8 – 10 Stunden setzt die erwünschte Wirkung ein. Gegen die Verwendung von anthrachinonhältigen Kräutern wird in letzter Zeit stark Stimmung gemacht. Mancher meint nun, man dürfe derartige Tees in keinem Fall mehr trinken. Geht es darum, eine akute Stuhlverstopfung zu beseitigen oder ist auf Grund ärztlicher Empfehlung der Stuhl kurzfristig weich zu halten, dann sind Sennesblätter und -früchte wirksame Arzneimittel, die man individuell dosieren kann und die meist gut vertragen werden.

Teemischungen zum Abführen

Ein ganz milder Abführtee ohne die Gefahr, „Bauchschneiden" zu bekommen, ist die folgende Mischung. Sie wird auch von jenen gelobt, die unter Hämorrhoiden leiden oder frisch operiert sind.

Faulbaumrinde . . . . 30,0 g
Hagebuttenfrüchte mit Kernen . . . . 30,0 g
Brombeerblätter
Himbeerblätter je . . . . 20,0 g

Zubereitung: Zwei Teelöffel dieser Mischung werden mit $1/4$ l siedendem Wasser übergossen und nach 5 Minuten abgeseiht. Morgens und abends bei Bedarf eine Tasse Tee trinken.

Etwas stärker ist folgende Teemischung:

Sennesblätter . . . . *40,0 g*
Faulbaumrinde . . . . *20,0 g*
Kamillenblüten . . . . *20,0 g*
Fenchelfrüchte . . . . *20,0 g*

<u>Zubereitung:</u> Zwei Teelöffel der Teemischung mit 150 ml Wasser morgens kalt ansetzen und 10 Stunden ziehen lassen. Abends erwärmen, abseihen und zwei Tassen trinken. Der Kaltauszug hat eine mildere Wirkung als der ebenfalls mögliche Aufguß. Nicht für den Dauergebrauch geeignet.

Für Schwangere und für langfristige Einnahme kann folgendes Rezept empfohlen werden, das unter dem Namen „Lactokorn" erhältlich ist:

Leinsamen, zerstoßen
Milchzucker
Weizenkleie
Flohsamen   zu gleichen Teilen

<u>Einnahme:</u> Ein- bis zweimal täglich 2 – 4 Eßlöffel in Kompott, Apfelmus oder Yoghurt einrühren und einnehmen.

Hausmittel

Chronische Stuhlverstopfung behebt man jedoch am besten mit anderen Mitteln. Der vorher genannte Leinsamen ebenso wie der Flohsamen sind für diesen Zweck sanfte, aber langfristig wirksame Mittel. Genauso zu empfehlen sind aber Feigen, eingeweichte Zwetschken, Schlehenmus und Sauerkraut. Oft hilft schon das Trinken von zwei Litern Wasser am Tag, ballaststoffreiche

Ernährung, viel Bewegung und sich sofort auf die Brille zu setzen, wenn sich eine Entleerung ankündigt.

Säuglingen und Kleinkindern gibt man Milchzucker in die Flaschennahrung oder einen Zusatz aus Kamillentee, versetzt mit Milchzucker. Manchmal genügt es schon, bei verstopften Säuglingen den Darm zu massieren oder mit einem Fieberthermometer den Darmausgang zu reizen.

Erwähnt sei an dieser Stelle noch die Möglichkeit, „salinische Abführmittel" einzusetzen. Dazu ist es empfehlenswert, am Morgen einen Löffel Glaubersalz oder Karlsbader Salz in ein Glas warmes Wasser einzurühren und dieses dann mit wenigen Schlucken auszutrinken.

Durchfall

Blutwurz (Tormentill), *Potentilla erecta L.*

Der an sich weiße Wurzelstock dieser 10 bis 40 Zentimeter hohen, gelb blühenden Pflanze verfärbt sich bei Beschädigung intensiv rot. Seine Gerbstoffe sind es, die gegen Gärungsdurchfall helfen. Dazu kommen noch das Glykosid Tormentillin, jener rote Farbstoff, der auch in der Heidelbeere vorhanden ist (und dieselbe Wirkung zeitigt), sowie ätherisches Öl und Harz, um die innerliche „Bremswirkung" zu verstärken. Blutwurz ist sowohl als Tee als auch als Tinktur (Apotheke) wirksam.

Zubereitung: Ein bis drei Eßlöffel der getrockneten Wurzel werden mit ½ l kaltem Wasser übergossen und etwa 15 Minuten lang am Sieden gehalten.

Anwendung: Auch Magenempfindliche können dreimal täglich eine Tasse schluckweise trinken.

Sonstiges: Blutwurz ist auch hervorragend bei Entzündungen der Schleimhäute im Mund, des Zahnfleisches und der Mandeln als Spül- und Gurgelmittel zu verwenden. Bei Erfrierungen, Verbrennungen und schlecht heilenden Wunden sowie Hämorrhoiden wird Blutwurz gerne als Grundlage für Teilbäder oder Umschläge eingesetzt.

Heidelbeere (Schwarzbeere), *Vaccinium myrtillus*

Der weithin bekannte Kleinstrauch mit kantigen grünen Zweigen trägt als Frucht eine saftige schwarze Beere mit dunkelfärbendem

Fruchtfleisch. Die getrockneten Heidelbeerfrüchte enthalten Gerbstoffe, die für die stopfende Wirkung verantwortlich sind, weiters die Anthocyane, die den blauen Farbstoff stellen, sowie Flavonoide, Pektine und Vitamine.

Zubereitung: Die getrockneten Beeren entweder kauen oder – noch besser vor allem für Kinder – eine Abkochung zubereiten: Zwei Eßlöffel Beeren mit 150 ml Wasser ansetzen, 10 Minuten kochen, abseihen und dreimal täglich eine Tasse trinken.

Sonstiges: Bei besonders empfindlichen Menschen können die winzigen Kerne der Heidelbeeren die Magenschleimhaut reizen. Klingt der Durchfall nach längstens drei Tagen nicht ab, muß auf jeden Fall ein Arzt konsultiert werden.

Teemischung bei Durchfall

Eine Mischung, die wegen ihrer entgiftenden, reizlindernden und gärungshemmenden Wirkung geschätzt wird und auch für Kinder und Kleinkinder geeignet ist:

Kamillenblüten . . . . *30,0 g*
Kümmelfrüchte, zerstoßen . . . . *20,0 g*
Thymianblätter . . . . *20,0 g*
Malvenblätter . . . . *10,0 g*
Ringelblumenblüten . . . . *10,0 g*
Brombeerblätter . . . . *10,0 g*

Zubereitung: Einen gehäuften Eßlöffel der Teemischung mit siedendem Wasser (ca. 150 ml) übergießen, bedeckt etwa 10 Minuten ziehen lassen und abseihen.

Mehrmals täglich eine Tasse des frisch bereiteten Tees trinken.

Hausmittel

Durchfälle sind häufige Beschwerden, auch ihnen kann man mit Hausmitteln begegnen. Da sind dann Tierkohle, Heilerde und verschiedene Kräutertees, wie Kamille, Pfefferminze und die vorher genannten äußerst hilfreich. Abzuraten ist in jedem Fall, länger als zwei bis drei Tage ohne Erfolg eine Selbstbehandlung durchzuführen. Dann müssen sich die Beschwerden gelegt haben, ansonsten ist ein Arzt aufzusuchen. Bei Säuglingen und Kleinkindern ist noch größere Vorsicht geboten.

Genannt werden als Hausmittel, neben Brombeerblättern, Gänsefingerkraut und Eichenrinde, vor allem schwarzer Tee und Cola ohne Kohlensäure (Zimmertemperatur) mit Soletti, wobei wir den Schwarztee nur für Erwachsene empfehlen.

Am sinnvollsten und wirksamsten ist es jedoch, durch Elektrolytgetränke die Flüssigkeit und Mineralien zu ersetzen.

Magenprobleme

Der Magen kann das Wohlbefinden entscheidend beeinträchtigen. Es muß nicht gleich ein Geschwür sein – auch Übersäuerung, Völlegefühl, Aufstoßen, Brechreiz, Krämpfe oder Schmerzen machen zu schaffen. Die Streicheleinheiten aus dem Kräutergarten für dieses wichtige, hochsensible Verdauungsorgan sind mannigfach und helfen auf unterschiedliche Weise. Das bekannteste Mittel ist die Kamille, aber auch Pfefferminze und Melisse gehören zur „Feuerwehr" bei akuten Schmerzzuständen, Übelkeit und Krämpfen.

Kamille, *Matricaria chamomilla L.*

Die anspruchslose Pflanze, deren getrocknete Blüten verwendet werden, hat ein sehr kompliziert zusammengesetztes Öl als Hauptwirkstoff, das durch Glykoside, Cumarine und andere Bestandteile ergänzt wird. Für den Magen wird Kamille als Tee eingesetzt.

Zubereitung: Ein bis zwei gehäufte Teelöffel Kamillenblüten mit einer Tasse heißem Wasser überbrühen, 10 Minuten zugedeckt ziehen lassen.

Anwendung: Gut warm, aber nicht heiß trinken. Kurmäßig dreimal täglich jeweils vor dem Essen eine Tasse. Bei Magenschleimhautentzündung lindert eine Rollkur mit Kamille: In der Früh vor dem Aufstehen eine Tasse warmen Kamillentee schluckweise trinken, dann jeweils fünf Minuten entspannte Rückenlage,

28

Seitenlage rechts, Bauchlage und Seitenlage links. Übrigens: Nur ungesüßt entwickelt Kamillentee seine Kräfte!

Sonstiges: Die entzündungshemmende Eigenschaft der Kamille wird auch erfolgreich äußerlich bei schlecht heilenden Wunden (Bäder oder feuchte Umschläge) eingesetzt, ebenso bei chronischem Schnupfen, Schleimhautentzündungen im Nasen-Rachenraum und Entzündungen der Nebenhöhlen (Dampfbäder).

Achtung: Kamillentee, täglich über lange Zeit (Jahre) getrunken, kann unter Umständen zu Schwindel, Bindehautentzündungen und nervöser Unruhe führen!

Pfefferminze, *Mentha piperita L.*

Jene Pfefferminzpflanzen, die als Heilmittel taugen, sind gezüchtete Formen. Wild vorkommende Arten haben unter anderem viel zu wenig von den wirksamsten Bestandteilen, dem ätherischen Öl Menthol, den Gerb- und Bitterstoffen. Pfefferminze – die Blätter werden verwendet – hilft vor allem bei Übelkeit und Brechreiz hervorragend: Meist schafft schon die erste Tasse Tee Erleichterung!

Zubereitung: Einen gehäuften Eßlöffel Pfefferminze mit 1/4 l kochendem Wasser übergießen und 10 Minuten zugedeckt ziehen lassen.

Anwendung: Ungesüßt, gleich nach den ersten Anzeichen der Übelkeit. Bei Magen- und Darmbeschwerden mit Blähungen, Krämpfen und übelriechenden Stühlen dreimal täglich eine Tasse.

Sonstiges: Eine besonders erfolgreiche Teemischung ist 1:1 Pfefferminze mit Kamille. Pfefferminztee hilft übrigens auch bei Periodenschmerzen.

Achtung: Pfefferminztee ist nichts für Säuglinge und Kleinkinder – durch das Menthol können sie mit Erstickungserscheinungen reagieren! Auch bei Magengeschwüren sollte man von Pfefferminztee Abstand nehmen.

Melisse (Zitronenmelisse), *Melissa officinalis L.*

Eigentlich ist sie im östlichen Mittelmeer zuhause, aber auf einem warmen Platz mit etwas Pflege gedeiht sie auch bei uns im Garten. Die Blätter mit dem Melissenöl müssen vor der Blüte geerntet und schonend getrocknet werden. Das Öl wird vor allem zur Beruhigung eingesetzt – ein nervöses Herz läßt sich damit ebenso günstig beeinflussen wie ein nervöser oder verkrampfter Magen.

Zubereitung: Zwei Teelöffel Melissenblätter (geschnitten) mit $1/4$ l kochendem Wasser übergießen und 10 Minuten zugedeckt ziehen lassen.

Anwendung: Drei Tassen, über den Tag verteilt.

Sonstiges: Mit Honig gesüßt, wirkt Melissentee als mildes Schlafmittel, auch ein Melissen-Vollbad entspannt ungemein.

Teemischungen bei akuten Magenbeschwerden

Diese Mischung hat sich bei krampfartigen Magen- und Darmstörungen sowie Herz- und Magenbeschwerden bewährt. Auch Beschwerden wie Völlegefühl und Blähungen werden beseitigt.

Baldrianwurzel . . . . *25,0 g*
Kümmelfrüchte, zerstoßen . . . . *25,0 g*
Pfefferminzblätter . . . . *25,0 g*
Kamillenblüten . . . . *25,0 g*

Bei allen akuten Magenerkrankungen, wie verdorbener und gereizter Magen, einhergehend mit Übelkeit und Erbrechen ist dieses Teegemisch besonders angezeigt:

Kamillenblüten . . . . *30,0 g*
Pfefferminzblätter . . . . *25,0 g*
Schafgarbenkraut . . . . *20,0 g*
Melissenblätter . . . . *10,0 g*
Malvenblätter . . . . *10,0 g*
Ringelblumenblüten . . . . *5,0 g*

Bei Magenbeschwerden, wie Magenreizung, Magenschwäche, leichten Krämpfen bei gestörter Verdauung sowie Appetitlosigkeit hat sich der „Grazer Magenbittertee" bestens bewährt:

Melissenblätter . . . . *25,0 g*
Tausendguldenkraut . . . . *10,0 g*
Kondurangorinde . . . . *20,0 g*
Wermutkraut . . . . *20,0 g*
Pfefferminzblätter . . . . *20,0 g*
Bitterorangenschale . . . . *5,0 g*

Zubereitung: Für alle drei Mischungen gilt folgende Art der Anwendung und Dosierung:

Etwa zwei Eßlöffel Tee werden mit siedendem Wasser (ca. 150 ml) übergossen, bedeckt ca. 10 Minuten ziehen gelassen und dann durch ein Teesieb abgeseiht. Es können bei Bedarf mehrere Tassen frisch bereiteten Tees über den Tag verteilt getrunken werden.

Hausmittel bei „verdorbenem" Magen

Nicht ganz einfach ist es herauszufinden, was man unter einem verdorbenen Magen versteht. Manchmal ein Übermaß an Essen, bei Kindern häufig eine Erkältung oder der Verzehr von verdorbenen Speisen.

Krampfartiges Bauchweh wird oft als Symptom genannt, mit Übelkeit und Erbrechen, bisweilen auch mit Durchfall.

Den verdorbenen Magen bringt man bei Kindern mit Kamillen- oder Pfefferminztee schnell wieder ins Lot, bei Erwachsenen mit „Haustropfen" oder allen bitteren Tees. Hoffmanns Tropfen sind als Medizin für den verdorbenen Magen sehr beliebt. Man gibt sie auch bei Völlegefühl, Übelkeit und Brechreiz. Auch der Hopfen gilt als vorzüglicher Helfer bei Durchfällen, nervösen Magenbeschwerden und Appetitlosigkeit. Zusammen mit Pfefferminze, Kamille und Kümmel reguliert er die Beschwerden im Verdauungstrakt.

Appetitlosigkeit und mangelnde Verdauung

Wenn der Magen schlapp macht, Appetitlosigkeit und mangelnde Magensäfte ärgern, wenn die Magenentleerung gestört ist, helfen vor allem Bitterstoffe. Heilpflanzen, die sich ausschließlich darauf spezialisiert haben, sind beispielsweise das Tausendguldenkraut, der Gelbe Enzian und der Wermut.

Tausendguldenkraut, *Centaurium erythraea*

Blüten und Stengel dieses heimischen, eher versteckt wachsenden Krautes lagern besonders viele Bitterstoffe ein.

Zubereitung: Einen gehäuften Teelöffel geschnittenen Krautes mit ¼ l kaltem Wasser übergießen und an die 10 Stunden stehen lassen. Abseihen und auf Trinktemperatur erwärmen.

Anwendung: Jeweils vor dem Essen eine Tasse ungesüßt.

Sonstiges: Jungen Mädchen, die aus psychologischen Gründen nicht essen wollen, kann mit diesem Tee relativ oft geholfen werden. Die Wirkstoffe des Tausendguldenkrautes leisten auch bei nervöser Erschöpfung gute Dienste, ebenso profitieren Menschen mit Gallensteinen: Der Tee beugt Koliken vor.

Enzian (Gelber Enzian), *Genitana lutea L.*

Obwohl viele Pflanzen aus der Enzian-Familie dieselbe Heilwirkung haben, ist es der Gelbe Enzian, dessen Wurzel von jeher als Heilmittel verwendet wurde – und wird (man denke an das „Stamperl Enzian"). Die etwa einen Meter hohe Pflanze, einst ein Unkraut, steht jetzt unter Naturschutz. Sie wächst nur langsam, blüht in Abständen von vier bis acht Jahren und kann bis zu 60 Jahre alt werden. Beim Enzian sind es ebenfalls in erster Linie die Bitterstoffe, die auch im Tee als Verdauungshilfe wirken.

Zubereitung: Einen Teelöffel geschnittene Wurzeln mit ¼ l kaltem Wasser rund 10 Stunden ziehen lassen. Wer Gerbstoffe verträgt, kann die zerschnittenen Wurzeln auch 5 Minuten kochen.

Anwendung: Vor den Hauptmahlzeiten ungesüßt lauwarm trinken.

Sonstiges: Enzian regt den Kreislauf an, früher wurde er auch gegen Rheuma und Gicht gepriesen.

Achtung: Menschen mit sehr hohem Blutdruck und schwangere Frauen vertragen Enzian nicht besonders gut.

Wermut, *Artemisia absinthium L.*

Der Wermut liebt warme, sonnige Plätze im Flachland, und die Blüten und Blätter dieser Pflanze haben die appetitanregenden und verdauungsfördernden Wirkstoffe in sich gespeichert.

Zubereitung: Ein gehäufter Eßlöffel des Krautes wird mit kochend heißem Wasser übergossen und ¼ Stunde ziehen gelassen.

Anwendung: Zwei bis drei Tassen am Tag vor oder nach dem Essen trinken, je nachdem ob man den Appetit anregen oder die Verdauung fördern möchte.

Sonstiges: Neben seinen Wirkungen auf die Verdauungsorgane soll der Wermut auch die Monatsblutungen regulieren und Fieber senken sowie die Tätigkeit der Leber anregen.

Teemischungen bei mangelhafter Verdauung und Appetitlosigkeit

Eine wirksame Mischung zur Aktivierung der Verdauungssäfte, des Appetits und zur Steigerung des Wohlbefindens nach üppigen fetten oder schwer verdaulichen Mahlzeiten ist dieser „Verdauungstee":

Boldoblätter
Tausendguldenkraut
Pfefferminzblätter
Kümmelfrüchte
Pomeranzenschalen
Melissenblätter
Kamillenblüten
Hagebuttenfrüchte   *zu gleichen Teilen*

Zubereitung: Zwei bis drei Teelöffel dieser Mischung werden mit ¼ l siedendem Wasser übergossen und 10 Minuten lang in einem zugedeckten Gefäß ausgezogen. Nach dem Abseihen soll der Tee (drei Tassen pro Tag oder bei Bedarf nach schwer verdaulichen Mahlzeiten) ungesüßt getrunken werden.

Durch ihren Anteil an bitterstoffhaltigen Heilpflanzen vor allem zur Appetitanregung bei mangelnder Magensaftbildung bzw. allgemeiner Verdauungsschwäche, aber auch bei verschiedenen Verdauungsstörungen sowie Völlegefühl und Blähungen wirkt diese Teemischung:

Tausendguldenkraut . . . . 25,0 g
Wermutkraut . . . . 25,0 g
Enzianwurzel . . . . 20,0 g
Pomeranzenschale . . . . 20,0 g
Zimt . . . . 10,0 g

<u>Zubereitung:</u> Zwei Teelöffel der Teemischung mit siedendem Wasser (ca. 150 ml) übergießen, bedeckt etwa 5 – 10 Minuten ziehen lassen und abseihen. Soweit nicht anders verordnet, mehrmals täglich eine Tasse des frisch bereiteten Tees mäßig warm eine halbe Stunde vor den Mahlzeiten trinken.

Nicht bei Magen- und Darmbeschwerden anwenden.

Hausmittel

Die Appetitlosigkeit gilt in der Volksmedizin als Vorbote von verschiedenen Krankheiten des Verdauungstraktes sowie als Zeichen für noch nicht ausgebrochene Krankheiten. Appetitlosigkeit wurde daher immer ernst genommen, vor allem bei Kindern. Das Schlehenmus oder die Schlehenmarmelade steht an erster Stelle, wenn es Kindern an Appetit mangelt. Wer Schlehen einmal probiert hat, weiß wie zusammenziehend und sauer sie schmecken. Wartet man aber mit der Ernte bis nach dem ersten Frost, dann sind sie wesentlich bekömmlicher. Ebenso wie die Schlehenmarmelade wird auch die Preiselbeermarmelade oder ein Mus daraus bei fehlendem Appetit angewandt. Kinder nehmen ganz gerne zwei Eßlöffel davon vor dem Essen und sitzen dann mit Appetit bei Tisch.

Auffallend ist auch die Tatsache, daß nach etwa zwei bis drei Wochen das normale Eßverhalten wieder hergestellt ist und von da ab die Kinder das Preiselbeermus verweigern. Für Erwachsene ist die Auswahl an Hausmitteln gegen Appetitlosigkeit sehr groß, und meist sind die Hausmittelrezepte regional sehr unterschiedlich.

Ingwer kandiert oder mit Schokolade überzogen, konnten sich unsere Vorfahren nicht immer leisten, aber kandierte Kalmus- oder Alantwurzeln schon eher. Die wuchsen ja auf dem Land und waren nebenbei eine beliebte Arznei gegen den Husten. Man legte die gesammelten Wurzeln in Honig ein und kaute sie bei Bedarf. Nicht vergessen darf man alle sogenannten „bitteren Tropfen" und „Haustropfen", die bei Appetitlosigkeit und Magenbeschwerden gerne eingenommen werden.

Die Rezepte dafür werden geheim gehalten, doch alle schmecken sie aromatisch bis bitter und enthalten Wermuttropfen, Pfefferminztinktur und weitere aromatische Tinkturen, bisweilen auch Melissengeist. Zumeist werden diese nicht selbst hergestellt, sondern man kauft sie in der Apotheke, wo sie als Hausspezialität vorrätig gehalten werden. Auch der „Schwedenbitter" steht heute wieder in vielen Hausapotheken und hilft unter anderem gegen Magenbeschwerden und Appetitlosigkeit.

Die Chinarinde spielt seit jeher als Hausmittel eine wichtige Rolle, gilt der Bitterstoff doch als ganz besonders heilsam. Man griff dabei früher auf die ausgefallensten Rezepte zurück und nannte diese dann Tonika, Elixiere oder Balsame. Diese „Wundermittel" enthielten unter anderem bitter-aromatische Drogen, wie Zimt, Kardamomen und Koriander.

Und welches der hier besprochenen Hausmittel gegen Appetitlosigkeit sollte man ausprobieren?

Marmelade, Mus, Tee, kandierte Wurzeln, Schwedenbitter oder Elixiere – Sie können sie alle ausprobieren, Schaden kann nicht angerichtet werden (wenn man vom Dauergebrauch beim Kalmus absieht). Der Nutzen hingegen, das werden Sie sicher selbst feststellen, ist bemerkenswert.

Blähungen

Lästige Winde und Blähungen bekämpft man am wirksamsten mit Kümmel, Anis und Fenchel. Sie sind sowohl einzeln als auch in der Mischung vereint (zu gleichen Teilen) besonders stark.

Kümmel, *Carum carvi L.*

Der Kümmel ist eines der ältesten Gewürze der Welt, als Heilpflanze ist er weniger in Gebrauch. Dabei ist er als Tee die Nummer eins gegen Blähungen! Außerdem hilft Kümmel gegen krampfartige Magen- und Darmbeschwerden. Beim Kümmeltee sind ausschließlich die getrockneten Früchte im Einsatz, denn es ist in erster Linie deren ätherisches Öl, das Linderung verschafft.

Zubereitung: Ein gehäufter Teelöffel Kümmel wird zerquetscht (z. B. im Mörser) und dann mit $1/4$ l kochendem Wasser übergossen. Nach 10 Minuten abseihen.

Anwendung: Gut warm schluckweise trinken.

Sonstiges: Kümmel wirkt auch, wenn man die getrockneten Früchtchen kaut oder mehrmals täglich eine Messerspitze Kümmelpulver einnimmt.

Anis, *Pimpinella anisum L.*

Anis, eine etwa 50 Zentimeter hohe Pflanze aus der Familie der Doldenblütler, ist ebenfalls ein Kämpfer wider Blähungen, wobei viele den Anisgeschmack dem Kümmel vorziehen. Auch beim

Anis sind es die getrockneten, zerquetschten Früchte, die für Tee (oder als Gewürz) verwendet werden. Neben dem ätherischen Öl sind auch Zucker, Eiweiß und fettes Öl in den Körnchen zu finden.

Zubereitung: Einen gehäuften Teelöffel zerkleinerter Anisfrüchte mit ¼ l kochendem Wasser übergießen, zehn Minuten ziehen lassen, abseihen.

Anwendung: Zwei bis fünf Tassen täglich – ungesüßt.

Sonstiges: Anistee ist auch ein hervorragendes Hustenmittel, doch in diesem Fall ist der Tee – ebenfalls bis zu 5 Tassen täglich – mit Honig gesüßt wirkungsvoller.

Fenchel, *Foeniculum vulgare Miller*

So gut wie jeder Mensch hat bereits Fencheltee getrunken, ist er doch das klassische Beruhigungsgetränk für Säuglinge, die von Blähungen geplagt werden (und durch ihre Unmuts- und Schmerzäußerungen die Erwachsenen plagen). Die Wirkung von Fenchel sitzt ebenfalls in den Samen, so wie Anis wird er so gut wie ausschließlich aus Kulturen gewonnen. Das Öl der Fenchelfrüchte ist jenem von Anis sehr ähnlich.

Zubereitung: Ein gehäufter Teelöffel zerdrückter Früchte wird mit ¼ l kochendem Wasser übergossen, nach zehn Minuten abseihen.

Anwendung: Zwei bis fünf Tassen, ungesüßt, über den Tag verteilt.

Sonstiges: Ungesüßter, eins zu eins mit Wasser verdünnter Fencheltee soll als Hausmittel auch für Augenwaschungen verwendbar sein. Mit Honig ist der Tee ein gutes auswurfförderndes Hustenmittel. Als Geheimtip gilt Fencheltee bei Kopfschmerzen, die durch schlechte Verdauung ausgelöst werden.

Teemischungen

Gegen Blähungen infolge starker Gasbildung und bei gestörter Verdauung hilft rasch der „Grazer Windtreibende Tee" mit dieser Zusammensetzung:

Kümmelfrüchte . . . . *20,0 g*
Anisfrüchte . . . . *20,0 g*
Fenchelfrüchte . . . . *20,0 g*
Angelikawurzel . . . . *10,0 g*
Pfefferminzblätter . . . . *5,0 g*
Kamillenblüten . . . . *5,0 g*

<u>Zubereitung:</u> Etwa zwei Eßlöffel Tee werden mit siedendem Wasser (ca. 150 ml) übergossen, bedeckt ca. 10 Minuten ziehen gelassen und dann durch ein Teesieb abgeseiht. Es können mehrere Tassen frisch bereiteten Tees über den Tag verteilt getrunken werden.

Wenn Blähungen und nach dem Essen „Bauchgrummen" und vielleicht sogar Durchfall plagen, ist folgende Mischung die richtige:

Korianderfrüchte
Thymiankraut
Kümmelfrüchte
Beifußkraut . . . . *je 10,0 g*
Melissenblätter
Pfefferminzblätter
Kamillenblüten. . . . . *je 20,0 g*

<u>Zubereitung:</u> Wie zuvor beschrieben. Vor den Mahlzeiten jeweils eine Tasse Tee ungesüßt trinken.

Anmerkung: All denen, die Hülsenfrüchte, Kohlarten und frisches Brot nicht gut vertragen, sei geraten, diese Speisen, auch das Brot, fleißig mit Koriander, Kümmel, Fenchel oder Anis zu würzen.

Durch ihren angenehmen Geschmack wird diese Teemischung auch von Säuglingen und Kleinkindern akzeptiert. Die darin enthaltenen Heilkräuter wirken krampflösend, verdauungsfördernd und gärungswidrig sowie beruhigend.

> *Kümmelfrüchte, zerstoßen* . . . . *30,0 g*
> *Fenchelfrüchte, zerstoßen* . . . . *20,0 g*
> *Kamillenblüten* . . . . *20,0 g*
> *Melissenblätter* . . . . *20,0 g*
> *Orangenschalen (Geschmacksverbesserung)*. *10,0 g*

Zubereitung: Kümmel und Fenchel sollten unmittelbar vor der Zubereitung des Tees zerstoßen werden. Ein gehäufter Teelöffel der Teemischung mit siedendem Wasser (ca. 150 ml) übergießen, bedeckt etwa 10 Minuten ziehen lassen und abseihen. Wenn nicht anders verordnet, bei Beschwerden oder mehrmals zwischen den Mahlzeiten eine Tasse dem Kind zu trinken geben. Für Säuglinge empfehlen sich 50 – 100 ml im Fläschchen.

Hausmittel gegen Blähungen und Völlegefühl

Jede Mutter weiß davon ein Lied zu singen: Säuglinge bis zum vierten Monat sind häufig von Blähungen geplagt. Manche Nacht wird zur Prüfung für die ganze Familie. Das trifft nicht nur bei Flaschenkindern zu, nein auch gestillte Säuglinge sind davon betroffen. Wir verfügen über eine ganze Menge von guten und vor allem auch wirksamen und unschädlichen Hausmitteln, die es sich lohnt auszuprobieren.

Mütter, die stillen, müssen selbst darauf achten, keine blähenden Speisen zu essen. Ist dies dennoch geschehen, so hilft Kümmeltee, den die Mutter reichlich trinken soll. Nicht immer wird man damit Abhilfe schaffen können. Dann gilt es, die „Windsalbe" einzureiben und zwar mit leicht kreisender Massage rund um den Nabel. Zusätzlich legt man dem Säugling eine kleine Wärmeflasche in sein Bettchen auf oder unter seinen Bauch, je nach Schlafstellung.

Bei Flaschenkindern genügt oft schon, das Milchpulver der Säuglingsnahrung mit Fencheltee statt mit Wasser zuzubereiten. Sehr beliebt sind auch Windtropfen und Windsäfte. Ein paar Tropfen davon in eine Flaschenmahlzeit reichen aus, um eine ruhige Nacht zu haben.

Blähungen bei Erwachsenen bekämpft man in der Volksmedizin meist mit Kräutertees. Probieren Sie aber auch einmal heiße Auflagen auf den geblähten Bauch, wie man das früher gemacht hat. Da tut's außer einer heißen Wärmeflasche auch ein Heublumensack, ein Leinsamen- oder Bockshornkleesack.

Nicht zu vergessen sind die vielen Tropfen, die es in der Hausmedizin gegen Blähungen gibt. Sie enthalten meist Kamillenextrakt, Kümmel- und Pfefferminzöl.

Die Übersäuerung des Magens

Die Übersäuerung ist eine andere Art, wie der Magen streiken kann. Sicheres Kennzeichen: saures Aufstoßen. In diesem Fall haben Bitterstoffe nichts zu suchen der Magen will sanft wieder auf den rechten Weg gebracht werden. Hiebei helfen neben Baldrian und Johanniskraut auch die Teemischung Kamille und Pfefferminze und vor allem die Süßholzwurzel sehr gut.

Baldrian (Katzenkraut), *Valeriana officinalis L. sensu latiore*

Baldrian, eine kräftige, oft mehr als einen Meter hohe Pflanze mit kleinen, rötlich-weißen doldenartigen Blüten gibt es in verschiedenen Arten wild und in Kulturen. Es ist die Wurzel, die gefragt ist, und sie nimmt erst während des Trocknens den typischen Baldriangeruch an. Das ätherische Öl, Ester, Alkaloide und Glykoside sind wirksam.

Zubereitung: Zwei Teelöffel zerkleinerter Wurzeln werden mit $1/4$ l kaltem Wasser übergossen und unter gelegentlichem Umrühren 10 bis 12 Stunden stehen gelassen.

Anwendung: Baldrian muß man hoch dosieren, um Wirkung zu erreichen; zwei bis drei Tassen täglich sind nicht zu viel.

Sonstiges: Baldrian ist das Beruhigungsmittel schlechthin. Schlaflosigkeit, nervöses Herzklopfen oder nervöse Unruhe – Baldrian beruhigt, ohne müde zu machen. Also ideal für streßgeplagte Autofahrer, egal, ob als Tee oder Tropfen.

Johanniskraut (Tüpfeljohanniskraut),
Hypericum perforatum L.

Hält man ein Blatt des Johanniskrautes gegen das Licht, kann man seine Drüsen mit den Wirkstoffen – ätherisches Öl mit Hypericin, Flavonoide, Gerbstoffe, Fett, Cholin – als helle kleine Punkte (Tüpfchen) sehen. Die goldgelben Blüten, die beim Zerdrücken einen roten Farbstoff absondern, haben ebenfalls ein reiches „Innenleben". Johanniskraut regt die Verdauungsorgane, auch die Galle, an, es wird im Juni, etwa um Johanni, bei voller Blüte gesammelt und dann getrocknet.

Zubereitung: Zwei gehäufte Teelöffel Johanniskraut mit $1/4$ l Wasser zum Kochen bringen und nach wenigen Minuten abseihen.

Anwendung: Zwei- bis dreimal täglich eine Tasse. Am wirksamsten ist eine Kur über mehrere Wochen.

Sonstiges: Johanniskraut ist auch ein hervorragendes pflanzliches Antidrepressivum – vier bis sechs Wochen lang täglich Johanniskrauttee oder Tropfen, und die Welt sieht wieder heller aus. Auch Bettnässern verspricht Johanniskraut Hilfe. Johanniskrautöl ist ein beliebtes Mittel bei Rheuma und Hexenschuß, Verstauchungen, Verrenkungen und Blutergüssen. Auch Wunden heilen damit besser.

Achtung: Johanniskraut macht lichtempfindlich! Während der Tee- oder Ölkur auf pralle Sonnenbestrahlung verzichten.

Süßholz (Lakritze), *Glycyrrhiza glabra L.*

Die aus dem Orient stammende Steppenpflanze ist eine kräftige, rauhe Staude, die bis zu zwei Meter hoch wird, in Europa seit langem angebaut wird und teilweise wieder verwildert ist. Verwendet wird die Wurzel, die Glycyrrhizin (süßt 50mal stärker als Zucker) und Flavonoide enthält.

Zubereitung: Ein gehäufter Teelöffel Süßholzwurzel wird mit 150 ml kochendem Wasser übergossen und nach 10 Minuten abgeseiht.

Anwendung: Dreimal täglich nach den Mahlzeiten eine Tasse davon trinken. Die Süßholzwurzel wirkt bei Übersäuerung entzündungshemmend und krampflösend, indem sie die Magensäfte langsamer fließen läßt und die Schleimbildung anregt.

Sonstiges: Süßholztee wird auch bei Entzündungen der oberen Luftwege als schleimlösendes Hustenmittel geschätzt.

Hinweis: Sollte nicht länger als 4 bis 6 Wochen verwendet werden, und dabei soll auf kaliumreiche Kost (getrocknete Früchte, Bananen, Aprikosen) geachtet werden.

Teemischungen

Der „Grazer Magenberuhigungstee", hergestellt aus Kräutern mit reizlindernder und beruhigender Wirkung auf Magen und Darm, wirkt bei nervös bedingten und krampfartigen Beschwerden mit Sodbrennen, Magendrücken oder Aufstoßen. Darüber hinaus wird die Magenschleimhaut durch die in den Käsepappelblättern enthaltenen Schleimstoffe geschützt.

Käsepappelblätter. . . . . *50,0 g*
Pfefferminzblätter . . . . *10,0 g*
Kamillenblüten . . . . *15,0 g*
Fenchelfrüchte . . . . *15,0 g*
Baldrianwurzel . . . . *10,0 g*

Zubereitung: Etwa 1 Eßlöffel Tee wird mit siedendem Wasser (ca. 150 ml) übergossen, bedeckt ca. 5 Minuten zugedeckt ziehen gelassen und anschließend durch ein Teesieb abgeseiht.

Bei Bedarf dreimal täglich eine Tasse des frisch bereiteten Tees trinken.

Heute wissen wir, daß psychische Faktoren beim Entstehen eines Magengeschwürs eine wichtige Rolle spielen. Deshalb ist ein beruhigender und ausgleichender Tee wie dieser zur Vorbeugung und Unterstützung einer ärztlichen Therapie durchaus geeignet:

Melissenblätter . . . . *30,0 g*
Baldrianwurzel . . . . *10,0 g*
Hopfenzapfen . . . . *10,0 g*
Fenchelfrüchte . . . . *10,0 g*
Johanniskraut . . . . *10,0 g*

<u>Zubereitung:</u> Zwei gehäufte Teelöffel mit ¼ l siedendem Wasser übergießen, zehn Minuten lang ausziehen. Drei bis fünf Tassen täglich.

Diese Teemischung soll besonders bei chronischen Magenerkrankungen, wie chronischer Gastritis (Magenschleimhautentzündung) und Magengeschwür, zur Unterstützung der ärztlichen Therapie und diätetischer Maßnahmen angewendet werden.

Kamillenblüten . . . . *45,0 g*
Süßholzwurzel. . . . . *25,0 g*
Schafgarbenkraut . . . . *15,0 g*
Malvenblätter . . . . *10,0 g*
Ringelblumenblüten . . . . *5,0 g*

<u>Zubereitung:</u> Einen Eßlöffel der Teemischung mit siedendem Wasser (ca. 150 ml) übergießen, bedeckt etwa 10 Minuten ziehen lassen und abseihen. Soweit nicht anders verordnet, mehrmals täglich eine Tasse des frisch bereiteten Tees warm zwischen Mahlzeiten trinken.

Hausmittel bei Sodbrennen und Übersäuerung

Nach wie vor ist das Speisesoda (Natriumhydrogenkarbonat) das Hausmittel Nummer eins bei akuten Beschwerden. Es wird allen anderen vorgezogen, weil es so rasch hilft. Gegen eine gelegentliche Einnahme spricht nichts, jedoch zum Dauergebrauch ist es nicht geeignet. Wer häufig unter Sodbrennen nach Kaffeegenuß, nach fettem Essen oder aus irgendeinem anderen Grund leidet, sollte einmal die Einnahme von Heilerde probieren. Ihr schreibt man zu, daß sie neutralisiert und Giftstoffe abblockt. Die gleiche Wirkung hat auch eine Moortinktur. Hausmittelbücher geben auch den Ratschlag, man solle mehrmals täglich frisch geriebene Äpfel nach jeder Mahlzeit essen oder vor dem Schlafengehen eine Tasse Eibischtee zu sich nehmen.

Bei Sodbrennen in der Nacht hilft auch ein Keil unter dem Kopfende des Bettes oder ein höheres Kopfkissen. Auch ein Schlaftrunk, bestehend aus Kamillentee und Milch, kann Abhilfe schaffen.

Leber und Galle

Die Leber ist die größte Drüse des Menschen und einem chemischen Laboratorium mit den vielfältigsten Aufgaben gleichzusetzen, wobei die Entgiftung im Stoffwechsel eine der wichtigsten ist. Die Leber selbst kann nicht schmerzen, und doch hängt von ihrem klaglosen Funktionieren das Wohlbefinden ganz entscheidend ab. Es ist daher angezeigt, bei größeren Belastungen der Leber hilfreich zur Seite zu stehen, wie es die Mariendistel tut. Und eine Galle, die nicht routiniert, still und leise ihre Pflicht tut, vergällt einem im wahrsten Sinne des Wortes das Leben. Dabei müssen es gar nicht Koliken sein – ein kleiner Streik, und schon ist das Lebensgefühl beeinträchtigt. Vorbeugung und sozusagen „Erste Hilfe" beim kleinsten Anzeichen einer Unpäßlichkeit sind im Fall des Falles sicher angezeigt. Pfefferminze, Wermut und Artischocke sind die geeigneten Mittel dazu.

Mariendistel (Fieber- oder Frauendistel, Christi Krone), *Silybum marianum L.*

Die Mariendistel, eine der schönsten und größten Disteln, ist eigentlich im Mittelmeergebiet und im Orient daheim, dort aber vielseitig im Einsatz. Bei uns hat sie die Gärten erobert. „Gartenflüchtlinge" haben sich als Wildpflanzen etabliert. Die Mariendistel hat auffallend grün-weiß marmorierte, an den Rändern ungemein stachelige Blätter. Es sind die Samen, deren hervorragendsten Bestandteil, das Silymarin, für die Leber so außerordentlich wirksam ist. Wie sehr, zeigte ein Experiment: Sogar das Gift des Grünen Knollenblätterpilzes wurde überwunden! Ihre leberschützende und -regenerierende Aufgabe kann die Mariendistel am besten im Rahmen einer Teekur entfalten.

Zubereitung: Ein Teelöffel Mariendistelsamen mit ¹/₄ l kochendem Wasser übergießen und vor dem Abseihen 10 bis 20 Minuten ziehen lassen. Eine Mischung mit Pfefferminztee verbessert sowohl Geschmack als auch Wirkung.

Anwendung: Dreimal täglich etwa eine halbe Stunde vor dem Essen eine Tasse heiß in kleinen Schlucken trinken.

Sonstiges: Mariendistel wird in der Volksmedizin auch oft bei offenen Beinen (Unterschenkelgeschwüren) eingesetzt. Entweder feuchte Tee-Umschläge oder gepulverten Samen auf die offenen Stellen geben.

Artischocke, *Cynara scolymus L.*

Das aus dem Mittelmeerraum stammende Feingemüse hat auch unsere Küche erobert. Ihre besondere Heilkraft bei Gelbsucht wurde bereits im 18. Jahrhundert geschätzt (vorher galt sie als Aphrodisiakum), in der ersten Hälfte unseres Jahrhunderts wiesen französische Ärzte ihre heilende Wirkung bei Leber-Galle-Erkrankungen nach. Neuere Forschungen sehen die Artischocke sogar als Helfer gegen Gallensteinleiden. Erst kürzlich wurde zum bereits bekannten Bitterstoff Cynaropikrin, der der Galle guttut, ein weiterer Naturstoff, das Cynarin, entdeckt, welches auch positiv auf die Leber einwirkt.

Zubereitung: Es gibt keinen „Artischockentee". Wem das Gemüse – die unteren Teile der Blütenhüllblätter und der Blütenboden – nicht schmeckt, oder wer die Wirkstoffe konzentrierter will, muß auf fertige Präparate (Tropfen, Saft, Extrakt, Sirup usw.) zurückgreifen, die jeweils passende Dosierung ermitteln die Fachleute (Apotheker).

Sonstiges: Gekochte Artischocken dürfen nicht lange aufbewahrt werden, da sie Giftstoffe entwickeln. Stillende Mütter sollten Artischocken meiden, da sie die Milchsekretion ungünstig beeinflussen. Für Diabetiker ist die Artischocke hingegen besonders bekömmlich, vor allem, wenn sie nur kurz gekocht wurde. Artischocke bewirkt übrigens auch eine Absenkung der Blutfette.

Teemischungen

Drei Rezeptmischungen seien hier vorgestellt:

1. Gegen Galle- und Leberstörungen mit Blähungen:

> *Löwenzahnwurzel und -kraut* . . . . *30,0 g*
> *Javanische Gelbwurz* . . . . *10,0 g*
> *Mariendistelfrüchte, zerstoßen* . . . . *20,0 g*
> *Pfefferminzblätter* . . . . *20,0 g*
> *Kümmelfrüchte, zerstoßen* . . . . *10,0 g*
> *Schafgarbe* . . . . *10,0 g*

2. Gegen Galle- und Leberstörungen mit zusätzlichen Beschwerden in Magen und Darm hilft der „Grazer Leber-Galle-Tee":

> *Pfefferminzzblätter* . . . . *20,0 g*
> *Schafgarbenkraut* . . . . *20,0 g*
> *Löwenzahnwurzel* . . . . *10,0 g*
> *Mariendistelfrüchte* . . . . *10,0 g*
> *Wermutkraut* . . . . *20,0 g*

3. Gegen Leber- und Gallebeschwerden bei mangelndem
Gallefluß:

Löwenzahnwurzeln mit Kraut . . . . 36,0 g
Mariendistelsamen . . . . 14,0 g
Tausendguldenkraut . . . . 10,0 g
Schafgarbenblüten . . . . 10,0 g
Angelikawurzel . . . . 5,0 g
Boldoblätter . . . . 5,0 g

Die Zubereitung kann für alle Tees einheitlich gelten: Ein bis zwei
gehäufte Teelöffel der jeweiligen Mischung mit einer Tasse siedendem Wasser übergießen und etwa 5 bis 10 Minuten lang ausziehen. Drei Tassen Tee täglich sind die rechte Dosierung.

Hausmittel

Ursachen für Leberbeschwerden gibt es ja viele, ebenso wie
Hausmittel, die dafür empfohlen werden. Meist mit Erfolg angewandt werden warme, oft auch heiße Auflagen. Egal ob der Lein-
samensack oder ein mit Heublumen oder mit Haferstroh gefüll-
ter Sack empfohlen wird, sie alle werden helfen, allerdings tut es
eine Wärmeflasche sicher auch. Ziel dieser Auflagen ist es, für
eine bessere Durchblutung in der Leber zu sorgen. Trinkt man
zusätzlich noch Kräutertees, wie Löwenzahnwurzel, Pfefferminze oder Odermenning, wird sich der Erfolg bald einstellen. Als
Leberdiät empfiehlt der Volksmund schon seit jeher Kartoffeln und
Topfen. Aber auch dem Rettichsaft sagt man nach, als Hausmittel für alle Arten von Leberleiden zuständig zu sein. Eine Trau-
bensaftkur gilt in machen Kreisen als Entlastungskur für die Leber.
Man fährt am besten nach Südtirol zu einer Kur, oder man legt zu
Hause einmal in der Woche einen Traubensafttag ein. Dies ist

zweifellos eine gute Idee, aber auch andere Fruchtsäfte sind dazu geeignet und ganz sicher erholt sich die Leber dadurch.

Gallensteine sind die häufigste Ursache für Gallenbeschwerden. Kündigt sich so eine „Gallenkolik" an, dann gibt es ein einfaches, aber bewährtes Hausmittel: Wermuttee oder Wermuttinktur. Den Tee bzw. die Tinktur in etwa 50 ml Wasser geben und dann so heiß wie möglich trinken. Meist bleibt dann die Gallenkolik aus. Läßt sich eine Kolik nicht mehr abwenden, versuchen Sie doch die Auflage eines Heublumensackes. Die Dauer der Kolik wird auf jeden Fall wesentlich verkürzt.

Bei mangelnder Gallebildung und schlechter Galleausschüttung rät die Volksmedizin zu wirksamen Tropfen bestehend aus Pfefferminz-, Wermut- und Mariendisteltinktur.

Blase und Niere

Die Zahl der Pflanzen, die bei Störungen der Harnwege einzusetzen sind, ist groß. Einige haben ihren Wirkungsschwerpunkt bei Entzündungen (Bärentraube, Orthosiphonblätter), andere bei der Entwässerung oder der Durchspülung (Birkenblätter, Brennnesselkraut, Schachtelhalmkraut und Bruchkraut), manche greifen auch in den Stoffwechsel ein. Wacholder, Liebstöckel und Petersilie sind z. B. bekannte Küchengewürze, die auf den urologischen Trakt einwirken.

Bärentraube (Sandbeere, Wilder Buchs),
Arctostaphylos uva-ursi L.

Der immergrüne, der Preiselbeere ähnliche Strauch ist ein Bodendecker mit roten, säuerlich schmeckenden Beeren. Es sind allerdings nicht diese, sondern die Blätter, die als Heilmittel zur Entgiftung der Niere sowie der ableitenden Harnwege und der Blase verwendet werden.

Zubereitung: Da Kochen der Blätter die bitteren – und für die Wirkung unnötigen – Gerbstoffe freisetzt, werden Bärentraubenblätter kalt angesetzt. Ein bis zwei Teelöffel der Blätter werden mit ¼ l kaltem Wasser übergossen und 12 bis 24 Stunden unter fallweisem Umrühren stehen gelassen. Nach dem Abseihen auf Trinkwärme bringen.

Anwendung: Zwei- bis dreimal täglich eine Tasse.

Achtung: Der Wirkstoff Hydrochinon kann sich bei saurem Harn nicht entfalten, daher bei einer Kur Fruchtsäfte, Sauerkraut, saures Obst und ähnliches meiden.

Sonstiges: Werden die Blätter wie Tee heiß ausgezogen, so kann es wegen der großen Gerbstoffmenge zu Magenbeschwerden kommen.

Achtung: Bärentraube kann wehenfördernd sein!

Bruchkraut, *Herniara glabra L.*

Das Bruchkraut ist in unserer heimischen Flora häufig vertreten, aber kaum bekannt, weil es unscheinbar ist.

Die während der Blüte gesammelte und getrocknete Pflanze enthält Saponine, Flavonoide, Cumarine und Gerbstoffe. Sie hat sich den Ruf erobert, sehr krampflösend zu wirken, vor allem bei chronischen Blasenentzündungen und spastischem Harndrang.

Zubereitung: Das Kraut mit kaltem Wasser übergießen, dann bis zum Sieden erhitzen und nach einigen Minuten abseihen.

Anwendung: Bei akuten Beschwerden am besten in einer Mischung mit Bärentraubenblättern und täglich zwei bis drei Tassen trinken.

Teemischungen

Bei akuten Blasenkatarrhen oder zur Desinfektion von Blase und Niere eignet sich der „Grazer Blasen- und Nieren-Tee" besonders:

```
Zinnkraut. . . . . . . . . . . . . . . . . . . . . . . . . . 20,0 g
Bruchkraut . . . . . . . . . . . . . . . . . . . . . . . . 20,0 g
Birkenblätter. . . . . . . . . . . . . . . . . . . . . . . 20,0 g
Bärentraubenblätter . . . . . . . . . . . . . . . . . 20,0 g
Pfefferminzblätter . . . . . . . . . . . . . . . . . . . 20,0 g
```

Zubereitung: Etwa 2 Eßlöffel Tee werden mit siedendem Wasser (ca. 150 ml) übergossen, bedeckt ca. 15 Minuten ziehen gelassen und dann durch ein Teesieb abgeseiht. Drei- bis viermal täglich sollte eine Tasse des frisch bereiteten Tees getrunken werden.

Handelt es sich bei den Beschwerden um eine Reizblase, einen Blasenkatarrh oder andere leichte Befindensstörungen, kann man folgende Mischung erfolgreich einsetzen:

```
Orthosiphonblätter . . . . . . . . . . . . . . . . . . . 30,0 g
Bärentraubenblätter . . . . . . . . . . . . . . . . . 20,0 g
Birkenblätter. . . . . . . . . . . . . . . . . . . . . . . 20,0 g
Löwenzahnwurzeln mit Kraut . . . . . . . . . . . . 10,0 g
Brennesselblätter . . . . . . . . . . . . . . . . . . . 10,0 g
Kamillenblüten . . . . . . . . . . . . . . . . . . . . . 10,0 g
```

Zubereitung: Zwei gehäufte Teelöffel dieser Mischung werden mit $1/4$ l siedendem Wasser überbrüht und 15 Minuten lang ausgezogen. Drei bis fünf Tassen Tee pro Tag trinken.

Viel zu trinken, ist die beste Vorbeugung gegen Blasen- und Nierensteine. Als Kräutertee eignet sich sehr gut folgende Mischung, die reichlich und über längere Zeit getrunken werden muß.

Löwenzahnwurzeln mit Kraut . . . . *30,0 g*
Birkenblätter . . . . *20,0 g*
Brennesselblätter . . . . *20,0 g*
Hagebuttenfrüchte mit Kernen . . . . *10,0 g*
Brombeerblätter . . . . *10,0 g*
Himbeerblätter . . . . *10,0 g*

<u>Zubereitung:</u> Drei Eßlöffel dieser Mischung werden mit 1 l siedendem Wasser übergossen und 15 Minuten lang ausgezogen. Nach dem Abseihen über den Tag verteilt trinken.

<u>Anmerkung:</u> Die drei letzten Kräuter machen den Tee für den Dauergebrauch besser trinkbar.

Wenn es darum geht, die Aktivität der Niere zu steigern, zu vermehrter Wasserausscheidung anzuregen, ohne die Niere zu reizen, dann ist der „Grazer Wassertreibende Tee" die richtige Wahl.

Wacholderbeeren . . . . *20,0 g*
Zinnkraut. . . . . *20,0 g*
Stiefmütterchenkraut . . . . *20,0 g*
Liebstöckelwurzel . . . . *20,0 g*
Hauhechelwurzel. . . . . *20,0 g*

<u>Zubereitung:</u> Etwa 2 Eßlöffel Tee werden mit siedendem Wasser (ca. 150 ml) übergossen, bedeckt ca. 10 Minuten ziehen gelassen und dann durch ein Teesieb abgeseiht.

Drei- bis viermal täglich sollte eine Tasse des frisch bereiteten Tees getrunken werden.

Hausmittel

Nieren- und Blasenbeschwerden brauchen zumeist ärztliche Hilfe, denn leicht kann Selbstmedikation in Richtung Kurpfuscherei gehen. Gänzlich abzulehnen ist die Selbstbehandlung bei krampfartigen Schmerzen, bei hohem Fieber und bei trübem oder rötlichem Harn. Hausmittel, wie Teekuren, Wärmeanwendungen und eine sinnvolle Diät, können zur Unterstützung der Therapie des Arztes eingesetzt werden, bzw. wenn man mit einer Teekur vorbeugen möchte.

Erkältungskrank-heiten, Husten, Schnupfen

Auch wenn ein Schnupfen dem Volksmund nach bei Behandlung eine Woche und ohne Behandlung sieben Tage dauert, gibt es große Unterschiede, wie man diese Tage übersteht. Und plagt eine regelrechte Erkältung mit Husten und Fieber, so ist erst recht angezeigt, sich Erleichterung zu schaffen. Dabei helfen bei Husten Mittel aus Spitzwegerich, Isländisch Moos und Schlüsselblume, dem Fieber rückt man mit Holunder und Lindenblüten zu Leibe. Zwiebel erschweren Schnupfenviren das Leben, und Eibisch hilft Hals und Rachen. Besser ist natürlich, wenn man entsprechend gestärkt – mit Sonnenhut etwa – die Schnupfensaison beginnt. Auf jeden Fall sollten in der Hausapotheke die Mittel für den Fall des Falles nicht fehlen.

Sonnenhut (Kleine Sonnenblume),
Echinacea angustifolia DC.

Das Wissen um die Heilwirkung dieser 30 bis 120 Zentimeter hohen, rosa bis purpurrot blühenden Zierpflanze ist den Indianern zu verdanken. Sie haben entdeckt, daß Blüten, Blätter und Wurzeln die Abwehrkräfte steigern und Bakterien das Leben erschweren. Allerdings verlieren die Pflanzen getrocknet ihre Heilkraft, sodaß fertigen Präparaten der Vorzug zu geben ist.

Einnahme: Da Tee nur wenig wirksam ist, sind in der Apotheke erhältliche fertige Präparate (Tropfen, Tinktur, homöopathische

Mittel) zu empfehlen. Sie beugen Erkältungskrankheiten vor, da sie das Immunsystem stärken.

Sonstiges: Auch als Begleitung zur Chemotherapie werden diese Tropfen eingesetzt, ebenso helfen die Inhaltsstoffe, auf Salben-basis, bei Wunden und schwer heilenden Hautkrankheiten, bei-spielsweise Schuppenflechte.

Spitzwegerich, *Plantago lanceolata L.*

Eigentlich sind alle drei Wegerich-Arten – auch der Mittlere Wege-rich und der Breitwegerich – als Heilpflanze verwendbar, doch der Spitzwegerich hat eindeutig die Nase vorne. Mit seinem Schleim, den Bitterstoffen, der Kieselsäure und dem Glykosid Aucubin ist er ein ausgezeichnetes Hustenmittel, er hat auch antibiotische Wirkung.

Zubereitung, Tee: Ein bis zwei Teelöffel Spitzwegerichblätter mit 1/4 l kochendem Wasser übergießen und 15 Minuten ziehen las-sen. Mit Honig gesüßt, wird die Wirkung verstärkt.

Saft: Frische Spitzwegerichblätter (oder auch getrocknete) ver-reiben und mit etwas Wasser zum Sieden bringen. Ohne abzu-seihen mit viel Honig vermischen.

Anwendung, Tee: Morgens vor dem Aufstehen eine Tasse, im Verlauf des Tages eine oder zwei weitere Tassen.

Saft: Jede Stunde einen Teelöffel voll.

Sonstiges: Neben Husten, Heiserkeit, Asthma, Fieber und Erkäl-tung ist Spitzwegerich auch bei Keuchhusten oft erfolgreich im Einsatz.

Isländisch Moos, *Centraria islandica L.*

Eigentlich ist es eine Flechte, die durch ihren hohen Schleimanteil vor allem bei Reizhusten lindernd wirkt. Neben dem Schleim gibt es bittere Flechtensäuren, die bakterizid wirken, außerdem haben diese auch bei uns vorkommenden Flechten Enzyme, Vitamine und Jod als Gesundheitshelfer im Einsatz.

Zubereitung: Zwei gehäufte Teelöffel Isländisch Moos mit 1/4 l kaltem Wasser langsam erhitzen, sofort nach dem Aufsieden abseihen.

Anwendung: Zwei bis drei Tassen täglich, mit Honig gesüßt.

Sonstiges: Tee aus Isländisch Moos bewährt sich auch immer wieder als Aknemittel, allerdings ist Ausdauer nötig. Erst nach mehreren Wochen mit täglich drei Tassen stellt sich – leider nicht in jedem Fall – Erfolg ein.

Schlüsselblume, *Primula veris L.*

Bei diesem Frühlingsboten ist es das Saponin, das beim Abhusten zäher Sekrete Unterstützung leistet. Schlüsselblumen – die Wurzel ist vor allem gefragt – stehen als Tee und auch als Sirup im Gesundheitseinsatz.

Zubereitung, Tee: Einen Teelöffel zerkleinerter Schlüsselblumenwurzeln mit 1/4 l Wasser aufsieden und 5 Minuten ziehen lassen. Blüten sind weniger wirksam.

Sirup: Einen Teelöffel Wurzelstücke mit wenig Wasser rund 5 Minuten kochen, abseihen und mit Honig vermischen.

Anwendung: Zwei bis drei Tassen Tee am Tag, Sirup teelöffelweise nach Bedarf.

Sonstiges: Die Schlüsselblume ist für Menschen mit Altershusten eine besondere Hilfe, da sie nicht nur das Aushusten erleichtert, sondern auch harntreibend ist und damit den Kreislauf und das schwache Herz entlastet. Eine Teemischung mit drei Teilen Schlüsselblumenwurzel und je einem Teil Anis und Fenchel, gesüßt mit Honig, hilft bei fast allen Hustenproblemen.

Holunder, *Sambucus nigra L.*

Der Holunderbusch spielt nicht nur in Brauchtum und Märchen eine wichtige Rolle. Bei fiebrigen Erkältungskrankheiten ist es die getrocknete Holunderblüte, die, als Tee eingenommen, schweißtreibend und vorbeugend wirkt.

Zubereitung: ¹/₄ l Wasser mit zwei Kaffeelöffel Blüten kalt zustellen und gleich nach dem Sieden abseihen. Eine andere Version: Dieselben Mengen, aber das bereits kochende Wasser über die Blüten gießen und 10 Minuten ziehen lassen.

Anwendung: Als Schwitztee sehr heiß und schluckweise trinken, vorbeugend lauwarm trinken. Zuckerbeigabe erübrigt sich wegen des wohltuenden Geschmackes.

Sonstiges: Hollerblütentee, kurmäßig drei Wochen dreimal täglich eine Tasse eingenommen, wird auch eine Wirkung gegen rheumatische Beschwerden nachgesagt.

Linde, *Tiliaceae*

Es ist beinahe müßig, den Lindenblütentee als Schutzschild gegen Erkältungskrankheiten anzupreisen – seine Wirkung ist seit altersher bekannt und nie in Vergessenheit geraten. Ebenso wie Holunderblüten wirken Lindenblüten schweißtreibend bei fiebrigen Erkältungskrankheiten und vorbeugend als Schutz davor. Wenn alles schnupft, hustet und niest, wirkt täglich eine Tasse Lindenblütentee wie eine Tarnkappe – die Viren haben keine Chance.

Zubereitung: Für den Schwitztee $1/4$ l kochendes Wasser über zwei leicht gehäufte Teelöffel Lindenblüten gießen, 10 Minuten ziehen lassen, abseihen. Zur Vorbeugung reicht ein Teelöffel Blüten. In beiden Fällen ist Süßen mit Honig angezeigt – es verstärkt die Wirkung.

Anwendung: Um bei manifester Erkältung das Schwitzen in Gang zu bringen, den Tee so heiß wie möglich trinken. Besteht die Vermutung, daß eine Erkältung im Anzug ist, nach etwa vier Stunden die nächste heiße Tasse – die Krankheit müßte ausbleiben. Zur allgemeinen Vorbeugung genügt eine Tasse Tee täglich.

Sonstiges: Menschen, die ein schwaches Herz haben und deshalb meist Schwitzkuren meiden sollen, können ihre Abwehrkräfte trotzdem mit Lindenblütentee stärken – eben in der mäßig warmen Version.

Eibisch (Weiße Malve, Heilwurz), *Althaea officinalis L.*

Geben Hals und Rachen unmißverständliche Zeichen von sich, so ist der Einsatz von Eibischtee seit Jahrhunderten angezeigt. Es ist vor allem der hohe Schleimgehalt aus der Wurzel dieser Pflanze, die zur Familie der Malvengewächse zählt, der einerseits beruhigend wirkt, andererseits das Aushusten erleichtert. Ein weiterer wichtiger Faktor ist die Stärke, sie bedingt auch die etwas ungewöhnliche Art der Teezubereitung.

Zubereitung: Etwa zwei Teelöffel der geschnittenen Eibischwurzeln werden mit $1/4$ l kaltem Wasser übergossen und $1/2$ Stunde stehen gelassen, wobei gelegentlich umgerührt werden muß. Nach einem letzten gründlichen Umrühren die Flüssigkeit abseihen (Mull hat sich sehr bewährt) und auf Trinktemperatur erwärmen.

Anwendung: Zum Gurgeln ungesüßt, als Hustenmittel mit Honig vermischt.

Sonstiges: Eibisch ist auch bei Magen- und Darmstörungen sehr hilfreich, ebenso als Spülung bei Entzündungen des Zahnfleisches und als Auflage bei Wunden und Furunkeln. Nur Eibischwurzeln aus der Apotheke verwenden – diese sind garantiert ohne schädlichen Schimmel.

Teemischungen

Die folgende Teemischung kann man in der kalten und nassen Jahreszeit ohne weiteres zum Haustee erheben. Der Tee schmeckt und wird auch von Kindern gerne getrunken. Er macht die ganze Familie widerstandsfähiger.

Lindenblüten . . . . *20,0 g*
Melissenblätter . . . . *10,0 g*
Hagebuttenfrüchte . . . . *10,0 g*
Brombeerblätter . . . . *10,0 g*
Holunderblüten . . . . *10,0 g*
Hibiskusblüten . . . . *10,0 g*
Fenchelfrüchte, zerstoßen . . . . *10,0 g*

Zubereitung: Vier Eßlöffel dieser Mischung werden mit 1 l siedendem Wasser übergossen, 10 Minuten lang ausgezogen und nach dem Umrühren abgeseiht. Ungesüßt oder mit Honig versetzt, ist dies ein gesunder Frühstückstee für die ganze Familie.

Hat man dennoch eine fieberhafte Erkältungskrankheit erwischt, bei der eine Schwitzkur erwünscht ist, kann man diese fiebersenkende und die Abwehrkräfte erhöhende Mischung „Grazer Grippetee" probieren:

```
Lindenblüten. . . . . . . . . . . . . . . . . . . . . . . . 20,0 g
Holunderblüten. . . . . . . . . . . . . . . . . . . . . . 20,0 g
Spitzwegerichblätter. . . . . . . . . . . . . . . . . 30,0 g
Hagebuttenschalen. . . . . . . . . . . . . . . . . . 30,0 g
```

<u>Zubereitung:</u> Einen Eßlöffel mit einer Tasse heißem Wasser übergießen, 10 Minuten ziehen lassen und abseihen. Morgens und/oder abends vor dem Schlafengehen eine Tasse des frisch bereiteten Tees trinken.

Eine hervorragende Mischung, die hustenberuhigend und vor allem schleimlösend wirkt, ist der „Grazer Bronchialtee":

```
Eibischblätter . . . . . . . . . . . . . . . . . . . . . . . 20,0 g
Käsepappelblätter. . . . . . . . . . . . . . . . . . . . 20,0 g
Fenchel. . . . . . . . . . . . . . . . . . . . . . . . . . . . . 20,0 g
Eibischwurzel . . . . . . . . . . . . . . . . . . . . . . . 20,0 g
Spitzwegerichblätter. . . . . . . . . . . . . . . . . 20,0 g
```

<u>Zubereitung:</u> Etwa ein Eßlöffel Tee wird mit siedendem Wasser (ca. 150 ml) übergossen, bedeckt ca. 5 Minuten ziehen gelassen und dann durch ein Teesieb abgeseiht. Mehrmals täglich eine Tasse des frisch bereiteten Tees trinken.

Zur Reizlinderung bei Katarrhen der oberen Luftwege mit trockenem Husten wenden Sie am besten folgende Mischung an:

```
Primelwurzel. . . . . . . . . . . . . . . . . . . . . . . . 25,0 g
Thymianblätter . . . . . . . . . . . . . . . . . . . . . . 20,0 g
Eibischwurzel . . . . . . . . . . . . . . . . . . . . . . . 20,0 g
Spitzwegerichkraut. . . . . . . . . . . . . . . . . . . 15,0 g
Fenchelfrüchte, zerstoßen . . . . . . . . . . . . . 10,0 g
Isländisch Moos . . . . . . . . . . . . . . . . . . . . . 10,0 g
```

<u>Zubereitung:</u> Etwa einen Eßlöffel der Teemischung mit siedendem Wasser (ca. 150 ml) übergießen, bedeckt etwa 10 Minuten ziehen

lassen und abseihen. Soweit nicht anders verordnet, mehrmals täglich, besonders morgens nach dem Aufwachen und abends vor dem Schlafengehen, eine Tasse des frisch bereiteten Tees trinken.

Abschließend noch eine Teemischung für Inhalationen bei allen Atemwegserkrankungen, wie Schnupfen, Husten, Bronchitis, Nebenhöhlenerkrankungen. Die ätherischen Öle wirken gegen Bakterien, entzündungswidrig und abschwellend auf die Schleimhäute. Die Mischung ist auch zum Aufschnupfen bestens geeignet.

Holunderblüten . . . . *40,0 g*
Kamillenblüten . . . . *40,0 g*
Thymianblätter . . . . *30,0 g*

<u>Zubereitung:</u> Zwei gehäufte Eßlöffel der Teemischung in einem Topf mit ½ l kochendem Wasser übergießen; mit einem Tuch über dem Kopf 10 – 15 Minuten die Dämpfe einatmen.

Hausmittel

Die grippalen Infekte, im Volksmund Erkältungskrankheiten genannt, haben unsere Vorfahren wohl ebenso geplagt wie uns heute. Die Hausmittelmedizin ist daher reich an Empfehlungen zur Vorbeugung und Behandlung von Schnupfen, Heiserkeit und Fieber. Die vorher besprochenen Tees und Teemischungen spielen eine ganz entscheidende Rolle dabei. Aber auch Honig, Rettich, Zwiebel, Wickel, Essigstrümpfe und Waschungen sind beliebte Hausmittel.

Ein wenig bekanntes, aber wirkungsvolles Mittel, die körpereigene Abwehr anzuregen, ist das ansteigende Fußbad nach Kneipp. Allerdings muß man allen Personen mit Venenbeschwerden und

Krampfadern davon abraten. Für das ansteigende Fußbad wird eine Fußbadewanne in die Badewanne oder Duschtasse gestellt und mit handwarmem (ca. 36 ° C) Wasser gefüllt. Man setzt sich bequem dazu und gibt beide Beine hinein. Nun läßt man langsam, im Laufe einer viertel Stunde, immer heißes Wasser zulaufen (die Fußbadewanne wird überlaufen, daher stellt man sie in die Badewanne), bis man ca. 40 bis 42 Grad C erreicht hat (nicht mehr!). Nun bleibt man nochmals 5 Minuten im sehr warmen Wasser, danach wird ohne Kaltanwendung sehr gut abgetrocknet und eine halbe Stunde Liegeruhe eingehalten. Dabei soll man wieder auf die Normaltemperatur zurückkommen. Ein eventueller Schweißausbruch soll nicht durch zu starkes Zudecken gefördert werden. Nach der halben Stunde Liegezeit ist er sicher vorbei.

Auch der Honig spielt eine große Rolle, nicht zuletzt weil Honig früher in keinem Haushalt fehlte, und man dem Honig durchaus berechtigt schon seit jeher Heilkraft zuschrieb (siehe Kapitel Honig).

Die Füße, darauf schwören nicht nur Kneipper, sondern alle Hausmittelfanatiker, müssen stets trocken und warm sein, will man nicht riskieren, einen Schnupfen einzufangen.

Beim Schnupfen ist die Kamille Favorit und zwar in Form von Inhalationen. Ebenso wie sich das Einziehen oder Eintropfen eines Kamillentees oder einer 0,9 %igen Salzlösung bewährt hat. Das Einziehen von Kamillentee oder einer Salzlösung geht am einfachsten, indem man die Flüssigkeit in die hohle Hand gibt und durch den Rachen aufzieht. Das hört sich zwar nach einer „Roßkur" an, ist aber äußerst wirksam und wird deshalb von vielen wegen der hervorragenden Wirkung in Kauf genommen.

Natürlich kennt die Volksmedizin auch die Wirksamkeit von ätherischen Ölen bei Schnupfen: Eukalyptus-, Latschenkiefer- und

Terpentinöl auf ein Taschentuch getropft und eingeatmet, bringt schnell Erleichterung.

Husten: Bei kleinen Kindern empfiehlt die Hausmittelmedizin besonders heiße Milch mit Honig. Auch der selbst gemachte oder gekaufte Saft aus Eibisch, Fenchel, Anis oder Spitzwegerich erfreut sich großer Beliebtheit. Rettich-Honig ist ein Spezialtip bei Husten und Asthma. Er soll den Schleim lösen und das Durchatmen erleichtern. Unübersehbar ist dabei die Zahl der Rezepte: Ob man den Rettich aushöhlt und den Honig einfüllt und 48 Stunden stehen läßt, oder ob der Rettich geraspelt und mit Bienenhonig gemischt wird, spielt eine untergeordnete Rolle. Jedenfalls nimmt man drei- bis fünfmal täglich einen Teelöffel davon ein.

Auch Fett- oder Ölauflagen sind in der Hausmedizin bei Kindern sehr gefragt, besonders häufig wird der Leinölwickel bei Kindern angewandt.

Für Inhalationen bei Husten verwendet man Eukalyptus-, Thymian- und Latschenkieferöl, man geht dabei mit den ätherischen Ölen sehr sparsam um.

Die Naturheilkunde lehnte ja schon immer die schnelle Bekämpfung des Fiebers ab. Heute sind auch die Ärzte wieder zurückhaltender, wenn es darum geht, fiebersenkende Mittel anzuwenden. Ist das Fieber auf 39 Grad und darüber angestiegen, sind kalte Wadenwickel ein gutes Hausmittel. Vor Beginn müssen die Füße des Kranken warm sein. Die Temperatur des Wickels richtet sich weitgehend nach dem Zustand und der Empfindlichkeit des Fiebernden. Der Wadenwickel wird an beiden Beinen angelegt und nach ca. 20 bis 30 Minuten wieder gewechselt. Der Erfolg zeigt sich dadurch, daß Kopfweh und Unruhe verschwinden und auch die Körpertemperatur um 2 Grad sinkt.

Man kann dem kalten Wasser auch einen Eßlöffel Essig zufügen. Die Wirkung soll dann schneller eintreten, was gleichermaßen für den Topfenwickel gilt.

Ratsam ist es, bei hohem Fieber mit dem Hausarzt laufend Kontakt zu halten, der dieses alte Hausmittel zumeist befürworten wird.

Im allgemeinen gibt es bei all diesen natürlichen Hausmitteln keine Nachteile, die man befüchten muß.

Haut

Die äußere Hülle des Menschen, die Haut, ist unser größtes Organ und hat neben anderen Aufgaben in erster Linie vor äußeren Einflüssen zu schützen. Angesichts der nicht gerade gesundheitsfördernden Umwelt ist es kein Wunder, daß dieses Organ ab und zu Probleme bereitet.

Akne, Ekzeme

Stiefmütterchen, *Viola tricolor L.*

Es ist nicht das großblumige Gartenstiefmütterchen gemeint, sondern das kleine Feldstiefmütterchen. So ganz klar ist die Ursache der Wirksamkeit nicht, hat das Stiefmütterchen doch keine spektakulären Inhaltsstoffe. Dennoch hilft eine achtwöchige Teekur beispielsweise bei Akne. Umschläge und feuchte Gesichtspackungen mit Stiefmütterchentee ergänzen die Kur. Besonders heilkräftig ist er bei Milchschorf und Ekzemen der Kleinkinder.

Zubereitung: Zwei Teelöffel der getrockneten Pflanze mit ¼ l heißem Wasser übergießen und 10 Minuten ziehen lassen.

Anwendung: Dreimal täglich eine Tasse. Bei Säuglingen und Kleinkindern kann man Stiefmütterchentee anstelle von Wasser für die Zubereitung der Nahrung verwenden.

Sonstiges: Das Stiefmütterchen entfaltet seine Kräfte auch als Bestandteil von Blutreinigungstees und – in Verbindung mit Lindenblüten – zur Vorbeugung gegen Erkältungskrankheiten. Bei trockenem Husten mit wenig Auswurf kann man Stiefmütterchentee ebenfalls positiv einsetzen und auch gegen Rheuma und Gicht.

Verletzungen

Ringelblume, *Calendula officinalis L.*

Die goldgelben Blüten dieser meist zur Zierde in unseren Gärten heimischen Pflanze helfen vor allem bei Wunden jedweder Art. Dabei gerät über der beliebten Ringelblumensalbe der Tee langsam in Vergessenheit. Nagelbettentzündungen, schlecht heilende Wunden oder auch normale Blessuren sprechen nicht nur auf die Salbe, sondern auch auf Umschläge mit einer Ringelblumen-Abkochung gut an. Innerlich angewendet wirken Ringelblumen leicht krampflösend und auf die Galleausscheidung.

Zubereitung: Ein bis zwei Teelöffel getrockneter Blüten mit ¼ l kochendem Wasser übergießen und nach 10 Minuten abseihen.

Anwendung: Als Tee gegen Gallebeschwerden zwei- bis dreimal täglich eine Tasse, lauwarm. Bei Verletzungen – auch Verstauchung und Verrenkung – einen feuchten Verband anlegen, bei Abszeß und Karbunkel eine heiße Kompresse.

Sonstiges: Schon seit altersher wird Ringelblumentee auch gegen Menstruationsbeschwerden eingesetzt. Eine Woche vor der Regel täglich eine Tasse trinken.

Teemischungen

Teemischungen gegen chronische Hautleiden enthalten fast immer Abführkräuter.

Davon rate ich ab und empfehle folgendes Gemisch auszuprobieren:

Brennesselblätter
Schachtelhalm
Löwenzahnwurzel
Löwenzahnkraut
Birkenblätter
Hagebutte mit Kernen   *zu gleichen Teilen*

Zubereitung: Zwei Teelöffel der Mischung mit einem Viertelliter siedendem Wasser ausziehen (5 bis 10 Minuten lang). Zwei Tassen Tee pro Tag trinken.

Gegen Akne und unreine Haut eignet sich folgende Mischung, kurmäßig (3 – 6 Wochen) angewandt, hervorragend:

Queckenwurzel . . . . *20,0 g*
Stiefmütterchen . . . . *20,0 g*
Schachtelhalm . . . . *10,0 g*
Brennesselwurzel . . . . *10,0 g*
Löwenzahnwurzel . . . . *20,0 g*
Augentrostkraut . . . . *20,0 g*

Zubereitung: wie oben

Und schließlich eine Teemischung für feuchte Umschläge bei schwer heilenden Wunden, Geschwüren, Furunkeln, Abszessen und nässenden Ekzemen:

Eichenrinde . . . . *30,0 g*
Salbeiblätter . . . . *30,0 g*
Kamillenblüten . . . . *30,0 g*
Malvenblätter . . . . *30,0 g*
Ringelblumenblüten . . . . *20,0 g*

<u>Zubereitung</u>: Zwei bis drei gehäufte Eßlöffel der Teemischung mit 250 ml Wasser als Aufguß zubereiten. Den Rückstand der abgeseihten Teemenge nochmals mit der gleichen Menge Wasser 10 Minuten kochen lassen und abseihen. Beide Auszüge vereinen und damit Umschläge machen.

Hausmittel

Manche Verhaltensvorschläge in Hausmittelbüchern muten ganz modern an. Es wird davor gewarnt, Pickel und Mitesser auszudrücken sowie fette Salben zu verwenden. Die Haut soll sauber gehalten werden, und auf viel Schlaf, geregelte Verdauung, sparsamen Umgang mit Fett und Süßigkeiten sowie viel Aufenthalt an frischer Luft soll geachtet werden.

Neben der Anregung, sich einer Teekur mit Stiefmütterchen, Isländisch Moos oder Ackerschachtelhalm zu unterziehen, findet man noch verschiedene Rezepte für äußerliche Anwendungen: Kamillenbad, Kamillenkompressen sowie die Hautreinigung mit Abkochungen aus Quecke, Isländisch Moos oder Stockrose, denen man einen Schuß Essig hinzufügen soll. Leichte Abreibung der befallenen Stellen und anschließendes Abwaschen mit Kamillentee sind die häufigsten Ratschläge der Hausmittelmedizin.

Schlecht heilende Wunden und Geschwüre versucht man, mit Auflagen von Arnika-, Ringelblumen- oder Kamillentee abzuheilen. Zur Weiter- und Nachbehandlung verwendet man gerne Salben aus den oben genannten Heilpflanzen.

Die Zahl der Empfehlungen auf dem Sektor „Hautpflege" ist riesengroß. Von Bockshornkleesamen, Heilerde, Leinsamen, Heublumen, Kamille bis Arnika. Vorsicht ist am Platze, weil manche Menschen auf diese Behandlung allergisch reagieren können.

Herz und Kreislauf

Bei vielen Menschen sind Herz, Kreislauf oder Blutdruck etwas labil. Nicht so richtig krank, aber auch nicht ganz gesund – das ist jener Bereich, in dem Heilkräuter Hervorragendes leisten.

Herz

Weißdorn (Hagedorn, Mehlbeere), *Crataegus oxyacantha L.*

Weißdornsträucher, manchmal auch kleine Bäume, können bis zu 600 Jahre alt werden. Die roten, süßlich schmeckenden Früchte wurden in Notzeiten gegessen, um die Blüten kümmerte man sich weniger, sie verströmen einen aasartigen Geruch. Trotzdem – neben den Beeren haben auch die Blüten, allerdings nur als Knospen, jene Wirkstoffe, die bei Herzbeschwerden nach überstandenen Infektionskrankheiten, bei vegetativer Dystonie und Herzrhythmusstörungen helfen sowie bei Belastungen durch extreme sportliche Leistungen oder durch Krankheiten stärkend wirken. Auch das sogenannte „Altersherz" spricht auf die Flavonoide, Amine, Terpenderivate, Histamine, Gerb- und andere Inhaltsstoffe des Weißdorns gut an.

Zubereitung: Zwei gehäufte Kaffeelöffel getrockneter Blüten (können auch mit getrockneten, zerkleinerten Früchten gemischt sein) mit $1/4$ l siedendem Wasser übergießen und nach 10 Minuten abseihen.

Anwendung: Eine Tasse trinkwarm nach dem Essen, mit Honig gesüßt.

Blutdruck (hoch)

Mistel (Hexennest), *Viscum album L.*

Dieser Halbschmarotzerpflanze werden seit urdenklicher Zeit besondere Kräfte nachgesagt, und in letzter Zeit mehren sich die Hinweise, daß die Mistel in der Krebsbekämpfung eine wichtige Rolle einnehmen könnte. Sicher ist, daß die Viscotoxine der Mistel herzwirksam sind, und Cholin, Acetylcholin sowie Histamine den Blutdruck beeinflussen. Für den Tee werden die Blätter der Mistel verwendet, sie dürfen aber nicht abgebrüht oder gekocht werden.

Zubereitung: Zwei gehäufte Teelöffel Mistel mit $1/4$ l kaltem Wasser übergießen und 10 bis 12 Stunden ziehen lassen. Dann abseihen.

Anwendung: Zwei Tassen pro Tag.

Sonstiges: Neben seiner blutdrucksenkenden Wirkung leistet der Misteltee, vermischt mit Weißdorn, bei der Stärkung des „Altersherzens" gute Dienste.

Blutdruck (nieder)

Rosmarin (Weihrauchkraut), *Rosmarinus officinalis L.*

Dieses würzige Kraut stammt aus dem Mittelmeerraum und wurde schon im Altertum als Gewürz- und Heilpflanze kultiviert. Das ätherische Öl mit Terpenen und Kampfer (die Substanz ist dem Kampfer aus dem Kampferbaum ähnlich) ist der Hauptwirkstoff, und auch Glykoside, Saponin und Cholin tragen zur Steigerung des Blutdruckes bei. Rosmarin ist als Tee, aber auch als Wein und als Bad beliebt.

<u>Zubereitung, Tee:</u> Einen gehäuften Teelöffel der Blätter mit $\frac{1}{4}$ l kaltem Wasser übergießen, langsam zum Sieden bringen und sofort abseihen.

<u>Wein:</u> 10 bis 20 Rosmarinblätter mit $\frac{3}{4}$ l leichtem Moselwein übergießen und 5 Tage stehen lassen. Abseihen.

<u>Bad:</u> 50 g Rosmarinblätter mit 1 l Wasser aufsieden und 30 Minuten ziehen lassen. Abseihen.

<u>Anwendung, Tee:</u> Morgens und mittags eine Tasse.

<u>Wein:</u> Zweimal täglich ein Gläschen.

<u>Sonstiges:</u> Da ein Rosmarin-Bad aktiviert, stört ein abendliches Bad den Schlaf. Dem Rosmarinwein wird potenzstärkende Wirkung nachgesagt.

Durchblutung

Arnika (Johannisblume, Bergwohlverleih),
Arnica montana L.

Wolfgang von Goethe pflegte Arnikatee zu trinken, wenn ihn Durchblutungsstörungen seiner Herzkranzgefäße quälten. Ursprünglich wurde die Arnikapflanze, eine hübsche gelbe Blume aus der Korbblütlerfamilie, die heute geschützt ist, aber vor allem als Aphrodisiakum verwendet. Aus dieser Zeit dürften wohl auch die schlechten Erfahrungen mit Überdosierungen stammen: bedrohliche Herzerscheinungen, Magen- und Darmstörungen. Die vorzüglichen Kräfte der Inhaltsstoffe – Arnicin, Gerbstoffe und die beiden Flavonglykoside Astragallin und Isoquerzetin, um nur einige zu nennen – für Herz und Kreislauf, aber auch für die Heilung von Blessuren (äußerlich bei Wunden aller Art, bei Zerrungen sowie Muskel- und Sehnenriß, bei Quetschungen, Blutergüssen) wurden erst später entdeckt. Heute ist Arnikatinktur weitverbreitet, und der Arnikatee erfreut sich zunehmender Beliebtheit.

Zubereitung, Tee: Ein bis zwei Teelöffel getrockneter Blüten mit $\frac{1}{4}$ l kochendem Wasser übergießen und vor dem Abseihen 10 Minuten ziehen lassen.

Tinktur: Im Verhältnis 10 : 1 verdünnten Alkohol und getrocknete Arnikablüten in ein Gefäß geben und 14 Tage stehenlassen. Dann abpressen und zehn Tage warten, bevor die Flüssigkeit gefiltert wird.

Anwendung, Tee: schluckweise und langsam trinken. Tinktur mit Wasser verdünnen und zwei- bis dreimal täglich mindestens drei, höchstens 10 Tropfen einnehmen.

Sonstiges: Auch Arnika, vermischt mit Weißdorn, tut dem Altersherzen gut. Für Umschläge ist Arnikatee etwa 1 : 1 zu verdünnen. Die Durchblutungssteigerung durch Arnika ist übrigens auch bei Entzündungen im Rachenraum hilfreich: Lauwarmer Tee oder ein Teelöffel Arnikatinktur in ein Glas warmes Wasser zum Spülen und Gurgeln.

Venen

Roßkastanie, *Aesculus hippocastanum L.*

Die hübschen Früchte in der glänzend braunen Schale sind für Menschen vor allem wegen ihrer Bitterstoffe ungenießbar. Deren Wirkstoffe, darunter Saponin, Gerbstoffe, Flavonglykoside, Phytosterine, Cumarin, Stärke und Zucker, hat man immer schon äußerlich eingesetzt. Gegen Ende des vorigen Jahrhunderts wurde die hervorragende Wirkung der Kastanientinktur auf das Gefäßsystem entdeckt, sie wurde bei Hämorrhoiden und Venenleiden eingesetzt. Heutzutage gibt es zahlreiche Präparate aus Roßkastanien, sodaß es müßig ist, das Heilmittel selbst herzustellen.

Teemischungen

Ein Rezept für einen Herz-Kreislauftee, zur Unterstützung der ärztlichen Therapie, der recht gut schmeckt und sich mit allen ärztlich verordneten Arzneien gut verträgt:

Weißdornblätter mit Blüten . . . . *20,0 g*
Melissenblätter . . . . *20,0 g*
Brombeerblätter . . . . *10,0 g*
Orangenblüten . . . . *10,0 g*
Hagebuttenfrüchte mit Samen . . . . *10,0 g*

Zubereitung: Drei gehäufte Teelöffel dieser Mischung werden mit ¼ l siedendem Wasser übergossen und zugedeckt 5 bis 10 Minuten lang ausgezogen. Zwei bis drei Tassen Tee am Tag sind die rechte Dosierung.

Der „Grazer Herz- und Kreislauftee", hergestellt aus Kräutern mit herzstärkenden, kreislaufwirksamen sowie leicht beruhigenden Eigenschaften, eignet sich bei leichten Formen von Herz- und Kreislaufbeschwerden, beginnender Leistungsschwäche des Herzens und bei Wetterfühligkeit.

Mistelkraut . . . . *25,0 g*
Weißdornblätter mit Blüten . . . . *25,0 g*
Rosmarinblätter. . . . . *25,0 g*
Melissenblätter . . . . *25,0 g*

Zubereitung: Etwa ein Eßlöffel Tee wird mit siedendem Wasser (ca. 150 ml) übergossen, bedeckt ca. 10 Minuten ziehen gelassen und dann durch ein Teesieb abgeseiht.

Morgens und mittags eine Schale des frisch bereiteten Tees trinken.

Zur Beruhigung des Kreislaufes und als kreislaufregulierende Mischung empfiehlt sich der „Grazer Kreislauf-Beruhigungstee" mit folgender Zusammensetzung:

Melissenblätter . . . . *25,0 g*
Mistelkraut . . . . *25,0 g*
Baldrianwurzel . . . . *25,0 g*
Hopfenzapfen . . . . *25,0 g*

<u>Zubereitung:</u> Etwa ein Eßlöffel Tee wird mit siedendem Wasser (ca. 150 ml) übergossen, bedeckt ca. 10 Minuten ziehen gelassen und dann durch ein Teesieb abgeseiht.

Dreimal täglich eine Schale des frisch zubereiteten Tees trinken.

Hausmittel

Neben den angeführten Kräutern und Kräuterteemischungen eignen sich besonders Wasseranwendungen nach Pfarrer Kneipp zur Linderung von Herz-Kreislaufstörungen, z. B.:

Halten Sie beide Hände so unter das kalte Fließwasser, daß es auf jene Stelle prasselt, an der man den Puls mißt. Auch ein kaltes Armbad bringt den Kreislauf wieder auf Trab.

Ältere Heilkundige, die noch Heilpflanzen rezeptieren, berichten immer wieder über positive Erfahrungen mit Bittermitteln wie Tausendguldenkraut oder bei Kindern Orangenschalen in Tees, Sirup oder als Tinktur zur Anregung des Kreislaufs und um die Genesung zu beschleunigen.

Nerven

So wie man Hautpflege betreibt, um immer bestmöglich auszusehen, sollte man auch sein Nervenkostüm hin und wieder auf Vordermann bringen, bevor überstrapazierte Nerven Organe schädigen oder überhaupt durchdrehen. Ab und zu – vor allem in Zeiten besonderer Belastung – nervenstärkenden Tee trinken, und schon ist der Alltag nicht mehr ganz so zermürbend.

Zu den hilfreichen Pflanzen zählen der Baldrian und das Johanniskraut, die auch bei der Magenberuhigung eine Rolle spielen. Aber auch Hopfen, Melisse, Lavendel und Hafer stärken die Nerven.

Hopfen (Wilder Hopfen), *Humulus lupulus L.*

Bitterstoffe, Harzsubstanzen, ätherisches Öl und Gerbstoffe schätzen nicht nur die Biertrinker am Hopfen. Dieses Schlinggewächs, das in Mitteleuropa sowohl wild als auch kultiviert vorkommt, hat männliche und weibliche Blüten, wobei lediglich die weiblichen Blüten mit ihren Schuppen und Hopfendrüsen für die Bier- und Arzneierzeugung von Interesse sind. In sehr vielen Teemischungen (Blutreinigungs-, Magen-, Beruhigungs- und Schlaftees) ist Hopfen dabei, aber auch Hopfen allein wirkt beruhigend und etwas antidepressiv.

Zubereitung: $^{1}/_{4}$ l kochendes Wasser über zwei gehäufte Teelöffel Hopfenblüten schütten und 15 Minuten ziehen lassen.

Anwendung: Als Beruhigungsmittel zweimal täglich eine Tasse Tee. Als Schlafmittel etwa eine halbe Stunde vorher eine Tasse, wobei die Anreicherung mit einem Teelöffel Baldrian die Wirkung verstärkt.

Sonstiges: Hopfen wirkt durch seine Gerb- und Bitterstoffe auch appetitanregend, außerdem hat Hopfen einen günstigen Einfluß auf den Periodenzyklus und unterstützt die Umgewöhnung im Klimakterium. Auch bei Blasen- und Nierenbeschwerden leistet Hopfen gute Dienste.

Melisse (Zitronenmelisse, Frauenwohl), *Melissa officinalis L.*

Diese Pflanze, die in vielen Gewürzgärten zu finden ist, stammt aus dem östlichen Mittelmeer. Vor allem ihre Blätter duften nach Zitrone. Das ätherische Melissenöl sowie Bernsteinsäure, eine Cumarinverbindung, Gerb- und Bitterstoffe beruhigen strapazierte Nerven. Die Araber schworen schon im 10. Jahrhundert auf die herzstärkende Wirkung der Melisse, und der Melissengeist wirkt auch heute noch bei nervösen Herz- sowie Magen- und Darmbeschwerden.

Zubereitung: Zwei gehäufte Teelöffel geschnittener Melissenblätter mit ¼ l kochendem Wasser übergießen und 10 Minuten ziehen lassen.

Anwendung: Täglich drei Tassen Tee als Kur,- als Schlafmittel mit Honig süßen, das verstärkt die Wirkung.

Sonstiges: Melisse verbessert auch die Abwehr gegen Erkältungskrankheiten und kräftigt nachher, sollte es für die Vorbeugung zu spät gewesen sein.

Lavendel (Speik), *Lavandula officinalis Chaix*

Es ist noch gar nicht so lange her, da wurden auf offener Straße kleine, flache Seidenpapierkissen, gefüllt mit Lavendel, angeboten. Lavendel diente in den Schränken als Mottenschreck mit angenehm duftendem Nebeneffekt. Das für den Duft verantwortliche ätherische Öl des Lavendels ist auch, in Verbindung mit Gerbstoffen, für die beruhigende Wirkung zuständig. Es wird aus den Blüten gewonnen und wirkt auf das Zentralnervensystem. Lavendelblütentee pur ist heute seltener in Gebrauch, meist sind es Mischungen, die zum Einschlafen führen. Sehr beliebt ist das Lavendel-Bad, es hilft vor allem bei vegetativer Dystonie.

Zubereitung, Tee: Zwei gehäufte Teelöffel Lavendelblüten mit $^1/_4$ l kochendem Wasser übergießen und nach 5 bis 10 Minuten abseihen.

Bad: 50 bis 60 g Lavendelblüten mit 1 l Wasser aufsieden und nach 10 Minuten abseihen.

Anwendung, Tee: Mit Honig gesüßt, beruhigt Lavendeltee die Nerven.

Bad: Das Lavendelbad löst unterschiedliche Wirkungen aus: Menschen mit zu niedrigem Blutdruck werden erfrischt, überreizte Menschen werden ruhiger.

Sonstiges: Lavendeltee, allerdings ungesüßt, wirkt auch gegen Magen- und Darmbeschwerden sowie bei Durchfällen.

Hafer, *Avena sativa L.*

Wenngleich Haferflocken einen wichtigen Platz in der gesunden Ernährung einnehmen – als Beruhigungsmittel hilft Hafer schneller, wenn alkoholische Auszüge aus den Körnern hergestellt werden.

<u>Zubereitung:</u> Haferkörner mit verdünntem Weingeist im Verhältnis 1:10 ansetzen.

<u>Anwendung:</u> Mehrmals täglich zwischen 5 und 15 Tropfen der Tinktur, mit Wasser vermischt, einnehmen. Bei akuter Schlaflosigkeit helfen 20 Tropfen – sie müssen allerdings 2 bis 3 Stunden vor dem Zubettgehen eingenommen werden.

<u>Sonstiges:</u> Es gibt hervorragende fertige Tinkturen in der Apotheke, wobei auch homöopathische Mittel aus der Haferblüte hergestellt werden. Ein anderes Anwendungsgebiet ist das Haferbad. Dazu werden etwa 100 g zerkleinertes Haferstroh mit 3 l Wasser etwa 20 Minuten gekocht. Die abgeseihte Flüssigkeit wird dem Badewasser zugesetzt. Das Haferbad hilft bei Rheuma, Gicht und anderen Stoffwechselstörungen.

Teemischungen

Eine ausgezeichnete Teemischung statt der Einnahme von Schlaf- und/oder Beruhigungsmitteln ist folgende:

Johanniskraut . . . . *30,0 g*
Melissenblätter . . . . *30,0 g*
Weißdornblüten. . . . . *30,0 g*
Hopfenzapfen . . . . *20,0 g*
Baldrianwurzel . . . . *15,0 g*
Hagebuttenfrüchte mit Samen . . . . *15,0 g*

<u>Zubereitung:</u> Zwei bis drei Teelöffel dieser Mischung werden mit 1/4 l siedendem Wasser übergossen und zugedeckt etwa 10 bis 15 Minuten lang ausgezogen. Nach dem Abseihen ist der Tee gebrauchsfertig.

Hinweis: Schlaf- und Beruhigungsmittel nicht abrupt absetzen, sondern ausschleichend reduzieren. Eine Woche ³/₄ Dosis, eine Woche ¹/₂ Dosis, eine Woche ¹/₄ Dosis, eine Woche ¹/₈ Dosis usw.

Ein bewährtes Teerezept für alle Nervösen, Überreizten und Schlafgestörten sei hier vorgestellt. Es bringt Ruhe am Tag und erfrischenden Schlaf in der Nacht. Der Tee hilft auch Frauen in den Wechseljahren.

Weißdornblüten. . . . . *30,0 g*
Johanniskraut . . . . *30,0 g*
Melissenblätter . . . . *30,0 g*
Hopfen . . . . *15,0 g*
Baldrianwurzel . . . . *15,0 g*
Orangenblüten
Lavendelblüten
Hibiscusblüten zu je . . . . *10,0 g*

Zubereitung: Zwei bis drei gehäufte Teelöffel der Mischung werden mit ¹/₄ l siedendem Wasser zugedeckt 10 Minuten lang ausgezogen.

Anwendung: Kurmäßig über einen Zeitraum von 4 bis 8 Wochen zwei Tassen Tee täglich oder als Einschlafhilfe nur abends unmittelbar vor dem Zubettgehen eine Tasse Tee trinken. Bei Durchschlafstörungen sollte der abendliche Tee mit Honig gesüßt werden.

Schlagen sich Unruhe, Streß und Nervosität auch auf Magen und Darm nieder, kann ich den „Grazer Nerven- und Schlaftee" nur wärmstens empfehlen:

Lavendelblüten . . . . 20,0 g
Melissenblätter . . . . 20,0 g
Pfefferminzblätter . . . . 20,0 g
Schafgarbenkraut . . . . 20,0 g
Hopfenzapfen . . . . 20,0 g

Zubereitung: Etwa zwei Eßlöffel Tee werden mit siedendem Wasser (ca. 150 ml) übergossen, bedeckt ca. 10 Minuten ziehen gelassen und dann durch ein Teesieb abgeseiht. Zwei- bis dreimal täglich oder eine halbe Stunde vor dem Schlafengehen eine Tasse des frisch bereiteten Tees trinken.

Und schließlich noch das Rezept für einen Tee für Kinder, der beruhigend und entkrampfend wirkt und vor allem deshalb für Kinder geeignet ist, weil er so gut schmeckt:

Lavendelblüten . . . . 30,0 g
Melissenblätter . . . . 30,0 g
Passionsblumenkraut . . . . 20,0 g
Johanniskraut . . . . 10,0 g
Orangenschalen (Geschmacksverbesserung) 10,0 g

Zubereitung: Einen gehäuften Teelöffel der Mischung mit siedendem Wasser (ca.150 ml) übergießen, bedeckt 10 Minuten ziehen lassen und abseihen. Etwa eine Stunde vor dem Schlafengehen ein bis zwei Tassen dem Kind zu trinken geben.

Hausmittel

gegen Nervosität, Ein- und Durchschlafstörungen gibt es wie Sand am Meer. Glücklicherweise, denn nichts ist unnötiger, als vorschnell zur Tablette zu greifen.

Mancher mag vielleicht schmunzeln, aber ein Schlafkissen hat sich sehr oft als wirkungsvoll erwiesen. Ebenso können beruhigende Kräuterbäder in geeigneter Zusammensetzung sehr hilfreich sein. Zu den beruhigenden Heilpflanzen, die in solchen Kräuterbädern enthalten sind, zählen Lavendel, Baldrian, Heublumen, Hopfen, Melisse und Schafgarbe. Ein Lavendelbad ist angezeigt, wenn es darum geht, den Tagesstreß abzuschütteln, Ausgleich zu finden, um mit dem Abend noch etwas anfangen zu können, es schafft Entspannung und Entkrampfung.

Ähnlich wirkt das Melissenbad, vor allem dann, wenn sich die tägliche Hetze auf den Magen geschlagen hat. Ein Baldrianbad ist ebenso wie ein Hopfenbad eine echte Einschlafhilfe. Diese Bäder können sogar so beruhigend wirken, daß man schon in der Wanne einschläft.

Heublumen und Schafgarbe sind bei vegetativer Dystonie und bei Frauen in den Wechseljahren sehr erfolgreich.

„Blutreinigung"

Die „Blutreinigung" ist sozusagen der Großputz, der zweimal im Jahr fällig sein sollte. Man nimmt an, daß eine Störung im Zusammenspiel der Enzyme eine der Ursachen von Müdigkeits- und Schwächegefühlen ist. Einige der wirkungsvollsten Mittel zur Entschlackung sind beinahe auf jeder Wiese zu finden: Löwenzahn und Brennessel. Diese Pflanzen helfen auch bei Rheuma. Oft wird die Frühjahrskur mit einer Entwässerung kombiniert. Da sind Wacholder und Birke an der Reihe. In den verschiedenen Frühlings- und Entschlackungstees sind diese Pflanzen fast immer vertreten.

Brennessel, *Urtica dioica L.*

Dieses „lästige Unkraut" regt den gesamten Körperstoffwechsel an und ist meist unverzichtbarer Bestandteil diesbezüglicher Teemischungen. Die Brennessel vermag aber auch allein durch ihre Gerbstoffe, den Nesselgiftstoff, durch Histamin, Ameisensäure, Acetylcholin, Vitamine, Mineralsalze und Glukokinine als Tee oder Saft, den Stoffwechsel zu entlasten.

Zubereitung: Zwei gehäufte Teelöffel Brennesselblätter mit ¼ l kochendem Wasser übergießen und vor dem Abseihen 5 Minuten kochen.

Anwendung: Vier bis acht Wochen lang morgens und abends je eine Tasse lauwarm trinken.

Sonstiges: Beliebt ist auch der Brennesselsaft, der aus der ganzen, zerkleinerten Pflanze (12 Stunden in kaltem Wasser ziehen lassen, dann auspressen) hergestellt wird. Übrigens: Wenn die Pflanzen welken, verlieren die Brennhaare ihre Wirkung.

Löwenzahn, *Taraxacum officinale Web.*

Was wäre wohl eine Frühlingswiese ohne die leuchtend gelben Blütenköpfchen des Löwenzahns? Für die Entschlackung sind allerdings die Inhaltsstoffe von Wurzel und Blättern zuständig: Vitamine, Inulin, Gerb- und Bitterstoffe, Mineralien und Spurenelemente, Cholin und andere. Sie veranlassen Niere und Leber zu erhöhter Aktivität, fördern die Durchblutung des Bindegewebes und die Ausscheidung. Löwenzahn wirkt – ebenso wie die Brennessel – als Saft (Apotheke) und als Tee (sowohl im „Chor" mit anderen Heilpflanzen als auch „solo").

Zubereitung: Ein bis zwei Teelöffel geschnittene getrocknete Wurzeln und Kraut mit $1/4$l kaltem Wasser zum Sieden bringen und eine Minute kochen. Vor dem Abseihen zehn Minuten ziehen lassen.

Anwendung: Eine Löwenzahnkur muß 4 bis 6 Wochen durchgezogen werden, damit sie wirkt, und zwar zweimal täglich eine Tasse Tee oder einen Löffel Saft nehmen.

Sonstiges: Nach neuen Erkenntnissen verhindert eine zweimalige Löwenzahnkur pro Jahr die Bildung von Gallensteinen, Steingallen werden beruhigt und neigen weniger zu Koliken. Bestehende Steine vermag der Löwenzahn allerdings nicht zu beseitigen. Die frischen Löwenzahnblätter im Frühjahr ergeben einen schmackhaften, gesunden Salat.

Wacholder (Kranawitten, Machandel),
Juniperus communis L.

Den Beeren dieses zu den Zypressen gehörenden Strauchs aus alpinen Lagen wurde im Mittelalter Wunderwirkung zugeschrieben, später fungierten sie als Allheilmittel. Mittlerweile weiß man, daß Wacholderbeeren entwässern, denn sie wirken direkt auf die Nieren ein. Aus diesem Grund müssen Nierenkranke bei Wacholderbeeren in jeder Form passen. Wacholderbeeren sind in vielen Entwässerungstees enthalten, Pfarrer Kneipp hat eine heute noch beliebte Wacholderkur erarbeitet, und der Wacholderspiritus wurde innen und außen verwendet. Er hilft bei Blähungen, Sodbrennen, Galle- und Leberleiden, natürlich auch zur Entwässerung.

Kneipp-Wacholderkur: Am ersten Tag zerkaut man dreimal eine Beere, am zweiten dreimal zwei Beeren – täglich jeweils eine Beere mehr, bis man dreimal täglich 20 Beeren zu sich nimmt. Dann beginnt die umgekehrte Reihenfolge – täglich eine Beere weniger -, bis der Ausgangspunkt von dreimal einer Beere wieder erreicht ist.

Wacholderspiritus: 100 g Wacholderbeeren sorgfältig zerdrücken, mit 500 g 70 %igem Alkohol übergießen und 14 Tage ziehen lassen, wobei die Flüssigkeit oft geschüttelt werden muß. Abseihen und in eine Flasche füllen.

Anwendung: Dreimal täglich 20 Tropfen auf ein Stück Zucker. Einreibungen bei rheumatischen Beschwerden.

Sonstiges: Wacholderbeeren haben als Küchengewürz (Sauerkraut, Fleisch) einen fixen Platz und in so mancher Bar findet sich der verdauungsfördernde Wacholderschnaps. Schwangere sollen Wacholderanwendungen unterlassen.

Hängebirke, *Betula pendula Roth.,* und
Moorbirke, *Betula pubescens Ehrhart.*

Beide Birkenarten werden arzneilich genutzt, und zwar sowohl Blätter als auch Saft und Rinde, aus der Birkenteer gewonnen wird. Für die Entwässerung sind die Blätter zuständig, und zwar als Tee. Birkenblättertee hat den großen Vorteil, die Nieren zu schonen und lediglich gestautes Wasser aus dem Gewebe zu ziehen. Flavonoide, ätherisches Öl, Bitter- und Gerbstoffe, Saponine, Öl und Harz sind einige der Wirkstoffe.

<u>Zubereitung:</u> Zwei gehäufte Teelöffel getrocknete Blätter mit $\frac{1}{4}$ l kochendem Wasser übergießen und nach 10 Minuten abseihen.

<u>Anwendung:</u> Dreimal täglich eine Tasse, mäßig warm.

<u>Sonstiges:</u> Birkenblättertee sagt man auch eine auflösende Wirkung von Nieren- und Blasensteinen nach, der sichere Beweis ist noch ausständig. Mit dem Birkensaft (Birkenwasser) kämpft man gegen Haarausfall und Schuppen, Birkenteer findet in der Veterinärmedizin Verwendung.

Teemischungen

Die Brennessel gilt bei vielen Menschen als „Wundermittel", wenn sie den Körper entwässern und entschlacken möchten. Aber auch für Rheumatiker und Gichtpatienten erfüllt sich die Hoffnung auf Besserung, indem sie nicht nur mit Brennesseln, sondern mit folgender Mischung den Stoffwechsel anregen:

Brennessel . . . . *30,0 g*
Löwenzahn . . . . *25,0 g*
Birkenblätter . . . . *25,0 g*
Schachtelhalm . . . . *10,0 g*
Hagebutten mit Kernen. . . . . *10,0 g*

Zubereitung: Drei gehäufte Teelöffel dieser Mischung werden mit ¼ l kochendem Wasser übergossen und ca. 15 Minuten lang ausgezogen. Nach dem Abseihen ist der Tee gebrauchsfertig. Zwei bis drei Tassen Tee täglich über einen Zeitraum von vier bis acht Wochen trinken.

Eine mehrwöchige Teekur für die ganze Familie, verbunden mit einer Vollwertkost (viel Gemüse, Obst) schwemmt nicht nur giftige Stoffwechselreste aus, sondern steigert auch die Abwehrkräfte.

Löwenzahnwurzel
Löwenzahnkraut
Brennesselblätter
Birkenblätter
Pfefferminzblätter
Kamillenblüten
Fenchelfrüchte, zerstoßen
Hagebutten mit Kernen
Hibiscusblüten
Holunderblüten . . . . *je 10,0 g*

Zubereitung: Ein Eßlöffel dieser Teemischung wird mit ¼ l siedendem Wasser übergossen und zugedeckt etwa 5 bis 10 Minuten lang ausgezogen. Nach dem Abseihen ist der Tee gebrauchsfertig.

Er sollte ungesüßt getrunken werden. Zwei bis drei Tassen täglich über einen Zeitraum von 4 bis 5 Wochen sind empfehlenswert.

Eine Mischung mit etwas weniger Bestandteilen, die auch bei manchen chronischen Stoffwechselerkrankungen Besserung erzielt, ist folgende:

Löwenzahnwurzel . . . . *30,0 g*
Birkenblätter . . . . *30,0 g*
Holunderblüten . . . . *10,0 g*
Kümmelfrüchte, zerstoßen . . . . *10,0 g*
Fenchelfrüchte, zerstoßen . . . . *10,0 g*
Schlehdornblüten . . . . *10,0 g*

Zubereitung: Einen Eßlöffel der Teemischung mit siedendem Wasser (ca. 150 ml) übergießen, bedeckt etwa 10 bis 15 Minuten ziehen lassen und abseihen. Mehrmals täglich eine Tasse des immer frisch bereiteten Tees zwischen den Mahlzeiten trinken.

Hinweis: Zur unterstützenden Behandlung von rheumatischen und arthritischen Erkrankungen sollte eine mehrwöchige Teekur durchgeführt werden.

Rheuma und Gicht

Wacholder und Holunder führen die Liste jener Heilpflanzen an, die bei Rheuma und Gicht Linderung bringen. Bei beginnender Arthrose ist Löwenzahn angezeigt.

Schachtelhalm (Kraut), Hauhechel (Wurzel), Brennessel und Birkenblätter sowie Giersch, Weidenrinde und Spierstaude sind – meist als Bestandteile von Rheumateemischungen – ebenfalls als Schmerzlinderer bekannt.

Wacholder

Neben der Wacholderbeerenkur nach Kneipp, etwas abgeschwächt – man startet mit vier Beeren, steigert jeden Tag um eine Beere bis zu 15 Wacholderbeeren am 12. Tag, um dann wieder täglich eine Beere weniger zu essen – ist auch der Wacholderspiritus das Mittel der Wahl: Die schmerzenden Stellen abends damit einreiben.

Wacholderbeersirup: 150 g Wacholderbeeren in einem Liter Wasser weichkochen. Die Beeren abseihen, zerdrücken und mit derselben Flüssigkeit nochmals aufkochen. Dann durch ein Sieb passieren und mit Honig zu einem dicken Sirup anrühren.

Anwendung: Täglich einen Eßlöffel voll.

Holunder

Zubereitung: Tee: Blüten, Blätter und Rinde, entweder jeweils alleine oder zu gleichen Teilen gemischt, mit kochendem Wasser übergießen und 10 Minuten ziehen lassen.

Anwendung: Drei bis vier Wochen lang täglich zwei Tassen als Kur.

Sonstiges: Auch die Beeren, zu Saft oder Mus verarbeitet, helfen gegen rheumatische Schmerzen, ebenso Holunderbeerwein.

Löwenzahn

Zubereitung: Tee: Zwei gehäufte Teelöffel Löwenzahnwurzeln samt Kraut mit $1/4$ l kochendem Wasser zehn Minuten ziehen lassen.

Anwendung: Als Kur im Frühjahr und im Herbst etwa sechs bis acht Wochen lang täglich zwei Tassen trinken.

Brennessel

Neben der Teekur mit Brennesseln oder einer Mischung, in der Brennessel enthalten ist, eignet sich Brennessel-Preßsaft hervorragend für eine Entschlackungskur bei Rheuma und Gicht.

Anwendung: Dreimal täglich einen Eßlöffel mit Fruchtsaft verdünnt.

Teufelskralle, *Harpagophytum procumbens*

Der wirksame Teil dieser Pflanze, deren bis zu 1,5 m langen Triebe flach am Boden liegen, und die rotviolette gloxinienähnliche Blüten bildet, ist die Wurzel. Genauer gesagt die Speicherwurzel, die bis zu 20 cm lang und 6 cm dick werden kann und die wirksamen Bitterstoffe und Glykoside enthält. In der Therapie gegen Rheuma wird von außerordentlichen Erfolgen berichtet.

Zubereitung: Vier bis fünf Gramm der fein geschnittenen bzw. grob gepulverten Wurzel werden mit 300 ml kochendem Wasser übergossen und sechs bis acht Stunden bei Raumtemperatur stehen gelassen. Der abgeseihte Tee wird in drei Teilen über den Tag verteilt getrunken. Auf Grund des Geschmackes wird gerne auf die Kapseln mit dem Extrakt zurückgegriffen.

Teemischungen

Eine unterstützende Behandlung durch Heilpflanzenmischungen, wie die folgende, kann in der Rheumatherapie oft Besserung bringen und Medikamente einsparen:

> Hagebutte. . . . . 25,0 g
> Birkenblätter
> Hauhechelwurzel
> Faulbaumrinde
> Löwenzahnwurzel
> Löwenzahnkraut . . . . zu je 15,0 g

Zubereitung: Zwei gehäufte Teelöffel der Teemischung werden mit ¼ l siedendem Wasser übergossen und zehn Minuten lang ausgezogen. Zwei Tassen Tee pro Tag sind die rechte Dosierung. Nach etwa vier Wochen muß eine längere Pause eingelegt werden.

Eine Mischung, die auch eine hervorragende schmerzstillende und entzündungshemmende Wirkung zeigt, ist diese:

```
Löwenzahnkraut . . . . . . . . . . . . . . . . . . . . . . 20,0 g
Löwenzahnwurzel . . . . . . . . . . . . . . . . . . . . . 20,0 g
Birkenblätter . . . . . . . . . . . . . . . . . . . . . . . . . 30,0 g
Weidenrinde . . . . . . . . . . . . . . . . . . . . . . . . . 10,0 g
Stiefmütterchenkraut . . . . . . . . . . . . . . . . . . 10,0 g
Holunderblüten . . . . . . . . . . . . . . . . . . . . . . . 10,0 g
```

Zubereitung: Einen Eßlöffel der Teemischung mit siedendem Wasser (ca. 150 ml) übergießen, bedeckt etwa 15 Minuten ziehen lassen und abseihen. Soweit nicht anders verordnet, mehrmals täglich eine Tasse des frisch bereiteten Tees zwischen den Mahlzeiten trinken.

Schließlich ein Tee, der von Rheumatikern und Gichtpatienten gleichermaßen gelobt wird:

```
Löwenzahnwurzel . . . . . . . . . . . . . . . . . . . . . 15,0 g
Löwenzahnkraut . . . . . . . . . . . . . . . . . . . . . . 15,0 g
Schachtelhalmkraut . . . . . . . . . . . . . . . . . . . 20,0 g
Birkenblätter . . . . . . . . . . . . . . . . . . . . . . . . . 20,0 g
Hauhechelwurzel . . . . . . . . . . . . . . . . . . . . . . 20,0 g
Pfefferminzblätter . . . . . . . . . . . . . . . . . . . . . 10,0 g
```

Zubereitung: Ein Eßlöffel dieser Mischung wird mit 1/4 l siedendem Wasser übergossen und unter Umrühren 15 Minuten lang ausgezogen. Nach dem Abseihen soll der Tee möglichst warm und schluckweise getrunken werden.

Hinweise: Zwei Tassen Tee pro Tag über einen Zeitraum von 4 bis 6 Wochen (im Frühjahr und Herbst) sind angezeigt. Rheumaschübe – so berichten die Patienten werden seltener und die Schmerzen erträglicher. Dieser Tee ist eine gute Empfehlung für Menschen mit chronischer Gelenkserkrankung.

Hausmittel

Seit Jahrtausenden schon plagen Menschen rheumatische Beschwerden. Und eben weil diese sehr schmerzhaft sind, hat man seit jeher alles daran gesetzt, die Schmerzen zu lindern. Sind unsere heutigen Mittel weitaus wirksamer als früher, so sind sie doch nicht immer ohne unangenehme Nebenwirkungen. Dies trifft bei Hausmitteln nicht zu. Ebenso zahlreich wie die heute gebräuchlichen Einreibungen bei Rheuma und Gicht sind auch die Hausmittelempfehlungen: Aus Pflanzen mit ätherischen Ölen, Harzen und Balsamen, bereitete man alkoholische Auszüge für durchblutungsfördernde Einreibungen. Franzbranntwein, Fichtennadel-, Thymian-, Rosmarin-, Eukalyptus-, Arnikageist genossen und genießen großes Ansehen. Alles, was brennt und die Haut rötet, galt als sehr wirksam. Als Hausmittel heute etwas vergessen, aber immer noch gerne gebraucht, sind Ameisen- und Bienengift.

Abenteuerlich sind vereinzelt auch die Vorschriften, wie man sich die Einreibungen selber herrichten mußte. Heute jedoch hat jede Apotheke Ameisengeist, Bienengiftsalbe, Kampfergeist usw. stets vorrätig.

Mehr der Originalität wegen hier ein Rezept, nach welchem man den Ameisengeist selbst bereiten kann:

Man vergräbt eine Literflasche mit Zuckerlösung in einen Ameisenhaufen und wartet, bis sie etwa bis zu einem Drittel mit Ameisen gefüllt ist. Dann holt man sie vorsichtig aus dem Haufen heraus und schüttet einen guten Kornschnaps darüber, den man mehrmals täglich gut durchschütteln muß. Nach 10 – 14 Tagen abgeseiht, hat man einen hervorragenden Ameisengeist gegen Rheuma fertig.

Johanniskrautöl darf als Einreibung bei Rheuma nicht unerwähnt bleiben. Es ist nämlich mehr als ein gutes Massageöl, hilft außerdem als Auflage bei Gicht und zur Nachbehandlung der schmerzenden Stellen bei einer Gürtelrose.

Bei den Rheumabädern steht das Heublumenbad an erster Stelle, gefolgt von Schachtelhalm-, Rosmarin- und Zinnkrautbädern. Rheumabäder bringen schnell Erleichterung, doch heute will kaum jemand einen Kräuterabsud zubereiten, weil viele fertige Badeextrakte zur Verfügung stehen. Heublumen sind wirksam als Wärmebad, zur Förderung der Durchblutung, und als Auflage in Form eines Kräutersäckchens. Für das Bad nimmt man 300 – 400 g Heublumen, übergießt sie mit 3 bis 4 l heißem Wasser und läßt sie 30 Minuten ziehen. Optimal ist eine Badetemperatur von 38 Grad C und eine Badezeit von 15 Minuten. Danach sollte man mindestens eine Stunde Bettruhe halten. Für den Heublumensack als Auflage bei Rheuma nimmt man einen groben Leinensack, füllt ihn mit den Heublumen und gibt ihn entweder in einen großen Topf, gefüllt mit kochendem Wasser, und preßt ihn danach aus, oder man läßt den Heublumensack am Topf über Wasserdampf liegen und erspart sich so das Auspressen.

Imker leiden nur sehr selten an rheumatischen Beschwerden, da sie nicht verhindern können, daß sie von ihren „Haustieren" immer wieder gestochen werden. Jedoch kann man diese schmerzhafte Methode vor allem jenen nicht empfehlen, die auf einen Bienenstich allergisch reagieren.

Weniger gefährlich, doch ebenso schmerzhaft ist das Auspeitschen mit Brennesseln. Man schlägt die befallenen Stellen mit einer Brennesselrute 2 – 3 Tage an der gleichen Stelle. Brennesselgift dringt in die Haut ein und ruft ein Wärmegefühl hervor, wodurch die Schmerzen verschwinden. Allerdings darf man kein kaltes Wasser auf diese Stelle bringen, da sonst das Wärmegefühl verloren geht. – Eine schmerzhafte, aber wirkungsvolle Behandlungsmethode.

Zahnschmerzen

Daß bei Zahnschmerzen der Weg zum Arzt unumgänglich ist, muß nicht extra betont werden, nur allzugerne begibt man sich in fachliche Betreuung. Allerdings – die Zeit bis dahin muß überbrückt werden. Und da stehen verschiedene Hausmittel zur Verfügung, allen voran die Gewürznelke, die, unmittelbar neben dem Übeltäter plaziert, manchmal wahre Wunder wirkt. Zitronenmelisse (Aufguß), Pfefferminze und Majoranöl (einige Tropfen direkt auf den schmerzenden Zahn) sowie Schafgarbe (einige Blätter kauen) sind ebenfalls wirkungsvolle Maßnahmen. Auch das Leinsamensäckchen heiß an die Wange gelegt, mildert den Zahnschmerz.

Schleimhaut und Zahnfleisch

Vor allem drei Heilkräuter versprechen bei Schleimhaut- und Zahnfleischproblemen Linderung. Da ist einmal der Salbeitee zum Gurgeln, wobei eine Mischung mit Kamille noch zielführender ist. Auch die Blutwurz als Gurgel- und Spülmittel lindert Beschwerden im Mund- und Rachenbereich, ebenso Entzündungen der Mandeln. Wirkungsvoll ist auch die in Apotheken erhältliche Tinktur. Die dritte im Bunde ist Myrrhe, die zwar bei weitem nicht so gut schmeckt wie sie riecht, aber als Spülung (einige Tropfen Tinktur mit Wasser verdünnt) oder mehrmals täglich direkt eingerieben (ein Tropfen Tinktur genügt) hervorragend wirkt. Auch Einpinseln hilft. Vereint mit Blutwurz ist Myrrhe unschlagbar! Viele Zahnprothesenträger schwören bei entzündeten

Druckstellen darauf (Blutwurztee und etwa zehn Tropfen Myrrhen-tinktur).

Salbei, *Salvia officinalis L.*

Bei diesem im Mittelmeergebiet heimischen, bei uns kultivierten Halbstrauch sind die Blätter interessant. Die darin enthaltenen ätherischen Öle, Gerb- und Bitterstoffe haben eine günstige Wirkung auf Entzündungen im Mund- und Rachenraum.

Zubereitung: Zwei gehäufte Teelöffel der Salbei-Kamillenmischung mit ¼ l kochendem Wasser übergießen. Nach etwa 15 Minuten abseihen.

Hausmittel

Wenn das Zahnfleisch entzündet ist oder ein Zahn schmerzt, hilft das Kauen von Gewürznelken. Diese enthalten ätherische Öle, die entzündungshemmend und schmerzlindernd wirken.

Augen

Die schlechte Luft in vielen Räumen, das Arbeiten am Bildschirm, Überanstrengungen bei Nachtfahrten – unseren Augen wird viel zugemutet. Nicht selten „revanchieren" sie sich mit Entzündungen der Bindehaut oder des Lidrandes. Ein altes Linderungsmittel ist der Augentrost, der weit verbreitet ist.

Augentrost, *Euphrasia officinalis L.*

Er ist eine Halbschmarotzerpflanze, die die Nährstoffe aus den Wurzeln anderer Gewächse, vor allem der Gräser, stiehlt. Ein Tee aus Augentrost (es wird das ganze blühende Kraut verwendet) ist sowohl für Spülungen des Auges wie auch für Umschläge geeignet. In vielen fertigen Augentropfen ist Augentrost ein wichtiger Bestandteil. Seine heilende, beruhigende Wirkung ist auf Gerb- und Bitterstoffe, ätherische Öle und eine Reihe von Glykosiden zurückzuführen.

Zubereitung: Ein bis zwei Teelöffel der getrockneten Pflanze mit $1/4$ l kaltem Wasser zum Sieden bringen und nach zwei Minuten abseihen. Ein kleiner Trick für Augenspülungen: Wenige Kochsalzkristalle zum Tee, und er wird besser vertragen, weil er damit der Tränenflüssigkeit ähnlich ist.

Sonstiges: Wenngleich der Name Augentrost nicht darauf hinweist: Eine regelrechte Augentrost-Teekur über viele Wochen stärkt große und kleine Menschen, die wenig Widerstandskraft haben und besonders anfällig für Husten, Schnupfen und geschwollene Halsdrüsen sind! Konsequent längere Zeit jeweils über den Tag verteilt $1/4$ l Tee trinken sowie morgens und abends die Augen mit Augentrost-Tee spülen.

Für Sie und Ihn

Auch gegen einige Probleme im Bereich der Intimzone sind Kräutlein gewachsen. Wenn bei Ihr die allmonatlichen Beschwerden überhandnehmen und Er keine Nacht durchschlafen kann, weil die Blase ein strenges Regiment führt, so kann durchaus eine Teekur mit der richtigen Pflanze Linderung verschaffen.

Frauenmantel (Perlkraut), *Alchemilla vulgaris L.*

Als die Alchimisten bemüht waren, aus allen möglichen Ingredienzen den Stein der Weisen herzustellen, spielte der Frauenmantel eine wichtige Rolle. Genauer gesagt, seine Eigenheit, Tau zu sammeln, der in der Blattmitte, einer Perle gleich, zu finden ist. Dieses „Himmlische Wasser" war sehr gefragt. Während die Schulmedizin dem Frauenmantel (noch?) nichts abgewinnen kann, ist der Frauenmanteltee als Hausmittel gegen zu starke Monatsblutungen und Wechselbeschwerden, auch bei Weißfluß (Fluor Albus) junger Frauen (Waschungen) sehr gefragt. Frauenmantel – es wird die Pflanze ohne Wurzel verwendet – hilft auch gegen Hautunreinheiten, die Mädchen zu schaffen machen.

Zubereitung: Einen schwach gehäuften Eßlöffel des Krautes mit 1/4 l Wasser zum Sieden bringen, warm stellen und etwa 12 bis 15 Minuten ziehen lassen, abseihen.

Anwendung: Ein bis drei Tassen täglich.

Sonstiges: Waschungen mit Frauenmanteltee werden auch bei eiternden Wunden, entzündeten Augen und nässenden Ekzemen durchgeführt.

Schmalblättriges Weidenröschen (Feuerkraut),
Epilobium angustifolium L.

Von den rund 20 Weidenröschenarten in Europa sind die schmalblättrige und auch die kleinblütige Art vor nicht allzulanger Zeit als wirksames Mittel gegen Prostata und Blasenbeschwerden von der Wissenschaft entdeckt worden. Das ß-Sitosterin ist jener Inhaltsstoff, der auf die Blase wirkt, aber auch Gerbstoffe, Schleim und Zucker tragen das ihre zur Wirkung bei.

Zubereitung: Ein bis zwei gehäufte Kaffeelöffel der getrockneten Pflanze mit $1/4$ l kochendem Wasser überbrühen, kurz aufkochen und dann vor dem Abseihen 10 Minuten ziehen lassen.

Anwendung: Zweimal täglich eine Tasse warm trinken – am besten als Kur mehrere Wochen lang.

Sonstiges: Die Blätter des Weidenröschens werden in Rußland statt schwarzen Tees als sogenannter „Koptischer Tee" verwendet.

Teemischungen

Gegen übermäßige Beschwerden bei der Monatsblutung lohnt es sich, einmal folgende Mischung auszuprobieren:

Weiße Taubnessel
Akazienblüten
Frauenmantel
Hirtentäschl
Zinnkraut
Johanniskraut
Schafgarbe
Vogelknöterich   zu gleichen Teilen

<u>Zubereitung:</u> Etwa zwei Teelöffel mit siedendem Wasser (ca. 150 ml) aufgießen und 10 Minuten ziehen lassen, abseihen.

Eine Teemischung gegen Wechselbeschwerden, die gut verträglich ist und auch über einen längeren Zeitraum unbedenklich getrunken werden kann, ist diese:

Salbeiblätter . . . . *20,0 g*
Birkenblätter . . . . *20,0 g*
Orangenblüten . . . . *10,0 g*
Schafgarbe . . . . *20,0 g*
Melissenblätter . . . . *10,0 g*
Hopfenzapfen . . . . *10,0 g*
Baldrianwurzel. . . . . *5,0 g*
Ringelblumenblüte . . . . *5,0 g*

<u>Zubereitung:</u> Etwa zwei Teelöffel mit siedendem Wasser (ca. 150 ml) aufgießen und 10 Minuten ziehen lassen, abseihen.

Bei Prostatabeschwerden reiferer Männer hat sich wegen der guten Verträglichkeit folgende Mischung bewährt:

Weidenröschen. . . . . *25,0 g*
Löwenzahn . . . . *5,0 g*
Orthosiphonblätter . . . . *5,0 g*
Maiskorb. . . . . *5,0 g*
Bärentraubenblätter . . . . *30,0 g*
Bruchkraut . . . . *30,0 g*

<u>Zubereitung:</u> Etwa zwei Teelöffel mit siedendem Wasser (ca. 150 ml) übergießen und 10 Minuten ziehen lassen, abseihen.

Hingegen eignet sich bei einer Entzündung der Prostata unterstützend diese bewährte Kräutermischung:

Zitterpappel
Buccoblätter
Goldrute
Hauhechelwurzel
Orthosiphonblätter zu gleichen Teilen

<u>Zubereitung:</u> Etwa zwei Teelöffel mit siedendem Wasser (ca. 150 ml) übergießen und 10 Minuten ziehen lassen, abseihen.

Kinder

„Schreikinder sind Gedeihkinder" hieß es früher einmal. Mittlerweile weiß man, daß Babys so gut wie nie grundlos schreien. Dennoch steht die besorgte Mutter oft vor einem Rätsel: Das Kleine ist gefüttert, frisch gewickelt und hat die Schmusestunde hinter sich – es müßte eigentlich zufrieden im Körbchen liegen. Tut es aber nicht. Es schreit, daß die Wände wackeln.

Blähungen

könnten die Ursache sein. Der klassische Tee dagegen ist aus Fenchel; er wirkt krampfstillend gegen Koliken. Proteste dagegen sind selten – der Tee liegt auf der bevorzugten Geschmacksebene der Säuglinge. Auch Anis und Kümmel wirken hervorragend. Etwas ungewöhnlich, aber den Versuch wert ist eine Salbe gegen Blähungen – eine Salbe aus Majoran! Es gibt sie auch in vielen Apotheken und Drogerien. Schließlich ist Baby nach den Mahlzeiten nicht immer geneigt, weitere Flüssigkeit aufzunehmen.

Majoran, *Origanum majorana L.*

Der echte Majoran kommt aus Vorderindien, bei uns wird er in Gärten kultiviert. Sein ätherisches Öl ist der Hauptwirkstoff.

Zubereitung: Einen Teelöffel Majoran zu Pulver zerstoßen und mit einem Teelöffel Weingeist übergießen. Nach einigen Stunden fügt man einen Teelöffel frische Butter dazu und erwärmt die

Mischung etwa zehn Minuten lang im Wasserbad. Nach dem Abseihen ist die aromatisch duftende Salbe – die sich allerdings nicht lange hält – gebrauchsfertig.

Anwendung: Gegen Blähungen rund um den Nabel einreiben.

Sonstiges: Die Majoran-Salbe, vorsichtig außen und innen in die Nase geschmiert, bremst auch Schnupfen.

Zahnen

Ein anderes Problem, das Baby zum Schreien und Eltern zur Verzweiflung treibt, ist das Zahnen. Wenn das Zahnfleisch prall geschwollen ist und schmerzt, kann eine sanfte Massage mit Safran Linderung verschaffen. Früher wurde auch die sogenannte Veilchenwurzel (sie riecht zwar nach dieser Blume, stammt aber von einer Irisart) den Kleinen zum Beißen gegeben oder auch ein Leinensäckchen mit Kalmuswurzel aufgelegt – Hilfsmittel, die auch heute nicht zu verachten sind.

Durchfall

und die damit verbundenen Schmerzen bringen Baby ebenfalls zum Weinen, Heidelbeeren helfen.

Heidelbeere (Schwarzbeere), *Vaccinium myrtillus L.*

Heidelbeersträucher können bis zu 30 Jahre alt werden. Die dunkelblauen, bereiften Früchtchen haben viele Vitamine, dazu Pektin sowie Zitronen- und Apfelsäure. Für die Kleinen sind getrocknete Heidelbeeren gleich doppelt gut: Zum einen stopft der hohe Gerbstoffanteil, der sich erst im Darm entfaltet und den Magen

schont, zum anderen hat der blaue Farbstoff eine entzündungs-
und bakterienhemmende Wirkung, sodaß das schmerzhafte
Wundsein unterbleibt.

Zubereitung: Drei gehäufte Eßlöffel getrocknete Heidelbeeren mit
½ l kaltem Wasser aufkochen, 10 Minuten am Kochen halten
und dann abseihen.

Anwendung: Im Fläschchen wie andere Teearten. Sobald der
Stuhl des Babies deutlich blau ist – meist nach ein bis zwei Tagen
– ist das Ziel erreicht.

Sonstiges: Achtung – frische Heidelbeeren bewirken das Gegenteil! Heidelbeertee hilft übrigens auch bei Entzündungen der
Mundschleimhaut als Spülung.

Verdauungstrakt

Die Kamille ist aus der Kinderapotheke nicht wegzudenken. Kamillentee getrunken oder als Einlauf ist meist die erste Maßnahme
bei Mißstimmungen im Verdauungstrakt. Allerdings: Tritt nach
einer Stunde keine Besserung auf, ist der Arzt beizuziehen! Ein
lauwarmer Einlauf mit Kamillentee wirkt übrigens fiebersenkend.
Und weil wir gerade bei den Einläufen sind: Ein Einlauf mit russi-
schem Tee (einen Teelöffel auf einen Liter Wasser, 5 Minuten
kochen, abseihen und auf Körpertemperatur bringen) stoppt
Durchfall, doch darf er nur in 8-Stunden-Intervallen gegeben werden.

Husten

In schlafverhindernden Ausreden sind Kinder große Meister, aber
wenn es heißt: „Mami, ich muß husten und kann nicht schlafen",

so ist das nur selten eine Notlüge. Ein guter Partner gegen Husten ist Spitzwegerich, da er – mit Honig angereichert – gut schmeckt und von den Kleinen meist ohne Überredungskünste genommen wird. Auch Anistee ist wirkungsvoll einzusetzen. Bei Keuchhusten ist Thymian-Sirup (in Apotheken, Drogerien und Reformhäusern erhältlich) eines der besten Mittel, denn das ätherische Öl wird über die Lungenbläschen ausgeschieden, kann also seine Wirkung „vor Ort" entfalten. Auch als Badezusatz entwickelt Thymian seine Kräfte: Das Öl wird über die Haut resorbiert und größtenteils über die Lungen wieder ausgeschieden, dazu kommt die Inhalation des angereicherten Dampfes.

Thymian (Quendel), *Thymus vulgaris L.*

Während als Gewürz meist nur die Blätter im Einsatz sind, wird als Heilpflanze das ganze Kraut zur Zeit der Blüte verwendet. Das ätherische Öl mit Cymol, Thymol und Carvacrol sowie Gerbstoff und Harz sind für die auswurffördernde, krampfstillende Wirkung verantwortlich. Der wildwachsende Thymian der Mittelmeerländer hat besonders viel ätherisches Öl.

<u>Anwendung:</u> Mehrmals täglich einen Teelöffel Sirup, in schweren Fällen alle zwei Stunden.

Madenwürmer

Ein Problem, welches Mütter mehr beunruhigt als Kinder, sind die häufig auftretenden Madenwürmer. Wermuttee ist ebenso zu ihrer Dezimierung geeignet wie Karotten, und die unliebsamen Mitbewohner sind so gut wie verschwunden. Um den unvermeidlichen Rest in Schach zu halten, genügt täglich ein Becher frisch ausgepreßter Karottensaft oder ein bis zwei Karotten zum Frühstück.

Bettnässen

Wenn sich auch mittlerweile herumgesprochen hat, daß Bettnässen bei größeren Kindern (und Erwachsenen) kaum einmal eine Erkrankung der Organe (lediglich etwa 3 Prozent), sondern vor allem ein psychisches Problem ist, so belastet es doch Mutter und Kind gleichermaßen. Hier kann Johanniskrauttee die Wende zum Besseren bringen. Er wirkt über das Nervensystem, der Inhaltsstoff Hypericin beruhigt. Auch Johanniskrautsäfte, die im Fachhandel erhältlich sind, wirken gut.

Schulstreß

Auch wenn sie ihre Harnblase schon längst sicher unter Kontrolle haben – Beruhigung und etwas psychische Aufhellung können auch größeren Kindern guttun. Nämlich dann, wenn die Schule zur Belastung wird. Neben dem bereits mehrfach erwähnten Johanniskrauttee gehört auch Salbei zu jenen Pflanzen, die Lebensfreude vermitteln, ebenso beruhigen Baldrian, Hopfen und Melisse. Ein probates Mittel, um nervösen Kindern im Schulstreß zu helfen, ist auch **Apfelschalentee, nur mit Honig gesüßt.**

Zubereitung: Frische oder getrocknete, ungespritzte Apfelschalen mit kochend heißem Wasser überbrühen, zwei bis drei Minuten ziehen lassen, abseihen und mit Honig süßen.

Honig wirkt übrigens auch leistungssteigernd – allerdings führen nicht hohe Einzeldosen, sondern regelmäßiger Genuß zum erwünschten Ziel: ein widerstandsfähiges, gesundes und fröhliches Kind, das kaum Schulprobleme hat.

Teemischungen

Auf folgende Teemischung sprechen besonders Kinder an, die nervös und unruhig sind, sich schwer konzentrieren können und mit der Schule Probleme haben:

Passionsblumenkraut . . . . 30,0 g
Melissenblätter . . . . 30,0 g
Hopfenzapfen . . . . 20,0 g

Zubereitung: Drei gehäufte Teelöffel der Teemischung mit 1/4 l siedendem Wasser übergießen und in bedecktem Gefäß etwa 15 Minuten lang ausziehen.

Eine bewährte Teemischung gegen Blähungen, bei krampfartigen Beschwerden im Magen-Darm-Bereich, insbesondere bei Säuglingen und Kleinkindern, zur Beruhigung bei Unruhe und Schlaflosigkeit ist der Grazer Kindertee mit folgender Zusammensetzung:

Pfefferminzblätter . . . . 15,0 g
Kamillenblüten . . . . 40,0 g
Fenchel . . . . 25,0 g
Malvenblätter . . . . 15,0 g
Baldrianwurzel . . . . 5,0 g

Zubereitung: Etwa zwei Eßlöffel Tee werden mit siedendem Wasser (ca. 150 ml) übergossen, bedeckt ca. 10 Minuten ziehen gelassen und dann durch ein Teesieb abgeseiht.

Es können mehrere Tassen des frisch bereiteten Tees verabreicht werden.

Schlank

Natürlich ist eine schlanke Figur in erster Linie das Ergebnis wohlüberlegter Nahrungsaufnahme und sportlicher Betätigung, doch können verschiedene Pflanzen diesbezügliche Bemühungen unterstützen.

So wirkt beispielsweise ein Auszug aus frischen Baldrianwurzeln (für ¼ l Wasser 25 g Wurzeln), mittags und abends jeweils etwa 10 Minuten vor der Mahlzeit getrunken, appetitbremsend. Ein Lauchabsud (100 g in einem Liter Wasser 15 Minuten kochen lassen) hat denselben Effekt.

Die meisten Abmagerungshilfen aus der Natur bewirken – so wie auch Entschlackungskuren – in erster Linie einen Flüssigkeitsabbau. Das regt den Stoffwechsel an – und wenn nicht gerade ein Überangebot an Nahrung zugeführt wird, geht es ans „Eingemachte", an das Fett.

So eine „Entfettungsteemischung" besteht beispielsweise aus Rosmarin, Sennesblättern, Brunnenkresse, Goldrutenkraut, Attichwurzel, Süßholz- und Rhabarberwurzei zu gleichen Teilen. Ein bis zwei gehäufte Kaffeelöffel mit ¼ l Wasser kalt zustellen, kurz aufkochen und 10 Minuten zugedeckt ziehen lassen, abseihen. Vier bis sechs Wochen lang täglich ein bis zwei Tassen warm trinken, wichtig ist vor allem die Tasse am Abend.

Aus dem Gemüse- und Gewürzgarten sind mehrere Schlankheitsassistenten zu nennen: Pastinak, Petersilie, Wacholder, Anis, Fenchel, Kümmel, Knoblauch, Liebstöckl – sie alle fördern die Verdauung und Entwässerung. Sellerie und Topinambur erfüllen gleich mehrere Funktionen: Neben Appetitbremsern sind sie auch

Vitamin-, Enzym-, Mineralstoff- und Spurenelementlieferanten. Sie sind auch als Tropfen erhältlich.

Während man von Blasentangtee zur Entfettungskur wegen seines hohen Jodgehaltes und des damit verbundenen Risikos für die Schilddrüse wieder abgekommen ist, vermag Blasentang äußerlich eher zu nützen – als

Schlankheitsbad: Blasentangabsud und 1 kg Meersalz ins Badewasser.

Frühjahrs- und Herbstkuren

Brunnenkresse, Löwenzahn, Petersilie, Brennessel – sie sind die Eckpfeiler jeder sinnvollen Frühjahrskur, wenn „entschlackt" werden soll. Wacholderbeeren und Zinnkraut ergänzen den Reigen jener Pflanzen, die den Organismus so richtig „durchputzen". Wer die Möglichkeit hat, diese „Muntermacher" immer portionsweise frisch von der Wiese zu holen, darf sich glücklich schätzen. Jene, die weder Zeit noch Garten dafür haben, finden in den entsprechenden Säften aus Drogerien und Reformhäusern hervorragenden Ersatz und haben noch dazu die Gewißheit, daß das Niveau der Inhaltsstoffe ständig gleich hoch ist.

Die „Putzbrigade" im Detail:

Brunnenkresse regt ganz allgemein den Stoffwechsel an, speziell dient sie aber dem Nervensystem. Außerdem versorgt sie den Körper mit den Vitaminen A, C und D.

Löwenzahn hilft beim Abbau von Fettdepots und Schlacken, er unterstützt die Bauchspeicheldrüse bei der Arbeit und regt auch Nieren, Leber und Galle an, das Bindegewebe wird gekräftigt. Viele Rheumatiker schwören auf die Löwenzahnkur, denn die Anfälle werden seltener und die Schmerzen schwächer.

Petersilie ist ein – allerdings recht grober und als Tee nicht für jeden geeigneter – Reinigungsbesen für die Nieren, der die Schlackenstoffe rigoros ausräumt.

Die **Brennessel** ist Bestandteil jeder Frühjahrskurmischung, sei es als Tee oder als Saft, sie hat als Entschlackungsmittel große Tradition.

Wacholderbeeren wirken sehr stark wassertreibend; Schwangere und Menschen mit empfindlichen Nieren dürfen sich ihrer Kräfte nicht bedienen! Sonst aber sind sie ebenfalls vorzügliche Nierenreiniger, sowohl als Tee als auch als Beerenkur nach Kneipp.

Zinnkraut reguliert nicht nur den Fetthaushalt der Kopfhaut, sondern wirkt allgemein leistungssteigernd.

Natürlich gibt es noch eine Reihe weiterer Pflanzen, die wieder neuen Schwung bringen, stärken und entgiften – Schnittlauch, junge Birkenblätter, Schlehdornblüten, Bohnenschalen – in Apotheken, Drogerien und Reformhäusern kümmert man sich gerne um „maßgeschneiderte" Zusammenstellungen für eine wirksame Kur.

Im Herbst kommt es vor allem darauf an, die Widerstandskraft, das Immunsystem, für die kommenden dunklen Monate zu stärken. Birkenblätter, Lindenblüten, Holunder- und Schlehdornblüten beispielsweise, auch im Frühjahr gefragt, vermitteln die wichtigen Flavonoide, die die Selbstheilungstendenzen des Organismus aktivieren. Die Zubereitung des Tees, von dem im Herbst einen Monat lang täglich drei Tassen getrunken werden sollen, ist einfach: Einen Eßlöffel der Blätter- und Blütenmischung mit einem halben Liter siedendem Wasser übergießen und 15 Minuten bedeckt ziehen lassen, abseihen.

Heidelbeeren, Holunderbeeren, schwarze Johannisbeeren, dunkle Weintrauben, Brombeeren, Himbeeren, Maulbeeren und Rote Rüben haben etwas gemeinsam: den dunklen Farbstoff, ein

Anthocyan. Dieser ist ein nicht zu unterschätzender Partner in der Abwehr von Bakterien. Er dringt in sie ein und behindert sie dergestalt, daß ihre Schlagkraft nachläßt – eine große, kräftigende Hilfe zum Saisonbeginn diverser Krankheiten.

Schließlich sind im Herbst auch die Säfte der Frühlingskur hilfreich, vor allem jene aus der Reihe der Bitterstoffträger wie Tausendguldenkraut, Löwenzahn, Schafgarbe, Melisse und Pfefferminze, Enzianwurzel, Wermut oder Angelikawurzel.

Teemischungen

Siehe auch unter „Blutreinigung".

Schön

Es würde den Rahmen dieses Buches sprengen, alle Mittel aufzulisten, die zu besserem Aussehen verhelfen, doch Grundsätzliches ist durchaus anzumerken. Auch wenn es schon hunderttausendmal gesagt wurde – viele vergessen doch immer wieder darauf: Der Mensch ist, was er ißt (und trinkt)!

Das richtige Fundament ist eine Ernährung, die Gusto und Gesundheit vereint. Geschickt eingesetzte Gewürze sind hiebei unentbehrlich. Die zweite ernährungsbedingte „Größe" ist ausreichende Flüssigkeitszufuhr. Schließlich besteht der erwachsene Körper zu 60 Prozent aus Wasser. Da die Haut als wichtiges Stoffwechselorgan – gemeinsam mit den Nieren – für den Elektrolythaushalt und die Entgiftung des Körpers zuständig ist, ist verständlich, daß sie nur bei ausreichender Flüssigkeitszufuhr (Hautspezialisten empfehlen mindestens zweieinhalb Liter täglich) ihrer Aufgabe gerecht werden kann. Ist der Flüssigkeitsstatus in Ordnung, so dankt es die Haut mit frischem, glatterem Aussehen.

Auch von außen ist der Haut zu helfen. Im Gesicht mit Cremen und Masken, am Körper mit Badezusätzen, wobei die Grenzen zwischen Gesundheit und Kosmetik fließend sind. Schließlich ist nur gesunde Haut auch schön ...

Richtiger Balsam für die Haut ist ein **Weizenkleie-Bad.** Es wird nicht nur bei akuten Hauterkrankungen angewandt, sondern beruhigt auch die Haut, die etwas „empfindlich" ist, macht sie zart und weich. Anschließend nicht duschen! Die Technik: Etwa 100 g Weizenkleie in einem Mullsäckchen in das Badewasser hängen und während des Badens immer wieder drücken.

Weizenkleie (10 Eßlöffel) im Verein mit Zitronenmelisse (3 Eßlöffel) und Kamillenblüten (3 Eßlöffel) hilft auch bei fetter, zu Unreinheiten neigender Haut. Das mit der Mischung gefüllte Säckchen in das einlaufende Badewasser hängen.

Kieselsäurebäder haben eine anregende Wirkung auf den Stoffwechsel der Haut und des Unterhautzellgewebes – am einfachsten verwendet man dazu Schachtelhalm- und Haferstroh-Extrakte. Extrakte gibt es beispielsweise auch von Eukalyptus (regt die Durchblutung an) und Schafgarbe (entzündungshemmend und beruhigend).

Natürlich sind auch duftende ätherische Öle als Badezusätze beliebt. Sie tun nicht nur der Haut gut, sondern haben auch „Nebenwirkungen": Beruhigend sind Lavendelblüten, Melisse und Baldrian, anregend Rosmarin und Kalmus.

Übrigens: Sollte trotz aller guten Vorsätze einmal ein Sonnenbrand passiert sein, so ist ein Labkraut-Bad empfehlenswert, denn es lindert die Entzündung. Im Zusammenhang mit Entzündungen ist schließlich auch noch der Heilkraut-Allrounder, die Kamille, zu nennen. In der Badewanne bekämpft sie Juckreiz, heilt und hemmt Entzündungen. Außerdem fördert ein Kamillenbad die Durchblutung.

Alle diese Bäder dürfen eine maximale Dauer von 20 Minuten nicht überschreiten, und die Wassertemperatur sollte nur wenig über der Körpertemperatur liegen – 38 bis 39 Grad sind ideal. Anschließend etwa eine halbe Stunde ruhen, dann ein gutes Hautöl einmassieren, und die Erholung ist nicht nur für die Haut perfekt...

Heilkräuter sind auch wertvolle Zusätze bei Dampfbädern und Kompressen, die den **Teint** verbessern. Während bei fetter Haut meist bedenkenlos Dampfbäder angewendet werden können, ist bei reiferer oder trockener Haut die Kompresse der schonendere Weg. Auch bei geplatzten Äderchen ist das Gesichtsdampfbad tabu, ebenso müssen die an sich belebenden Wechselkompressen gemieden werden.

Für den jeweiligen Kräuteraufguß sind – soferne nicht Essenzen bzw. Öle Verwendung finden – für das Gesichtsdampfbad bis zu drei Handvoll der gewählten Kräuter nötig. Sie dürfen keinesfalls aufgekocht, sondern lediglich mit kochendem Wasser (3 bis 5 Liter) überbrüht werden. Bei Kompressen genügen etwa ein bis zwei Handvoll Kräuter auf 2 Liter, sie müssen etwa 10 Minuten ziehen.

Das wöchentliche Dampfbad bei fetter, unreiner Haut sollte 10 bis 15 Minuten dauern. Sehr trockene Haut verträgt allenfalls 3 bis 5 Minuten, in den meisten Fällen ist die Kompresse eher der richtige Weg. Sie bleibt etwa 5 bis 10 Minuten auf dem gut gereinigten Gesicht.

Beliebte **Kräuterzusätze** für empfindliche, eher trockene und müde Haut:

Wieder ist es die **Kamille,** die am häufigsten im Einsatz ist. Ihre entzündungshemmende Wirkung wird seit jeher auch bei unreiner, schlecht durchbluteter Haut sowie gegen Mitesser und Akne gerühmt.

Ringelblumenblätter *(Calendula)* als Dampfbad reinigen porentief, sie beruhigen auch Entzündungen.

Fenchelwurzel glättet die Haut durch ihren hohen Ölgehalt, als Nebeneffekt besänftigt sie auch die Atemwege.

Fetter, unreiner Haut rückt man mit **Pfefferminz**-Gesichtsdampfbädern zu Leibe, vor allem dann, wenn die Atemwege angegriffen sind. So erledigt man zwei Probleme gleichzeitig.

Rosmarin (sowohl getrocknete Blüten als auch Blätter) ist ebenfalls das Mittel der Wahl bei fetter Haut, und **Salbei** im Dampf, regelmäßig angewendet, verbessert das Hautbild deutlich. **Lin-

denblüten, Arnika und **Schafgarbe** sind weitere Verbündete im Kampf gegen fette, unreine, schlecht durchblutete Haut.

Haare

Zu den sozusagen „klassischen" Pflanzen, die bei Haarproblemen Verwendung finden, zählen die Birke und die Brennessel. Extrakte beider Pflanzen sind Bestandteil zahlreicher Haarmittel. Oft wird auch Hamameliswasser beigemengt, auch dem Zinnkraut wird Wirkung bei Haarproblemen nachgesagt.

Brennessel, *Urtica urens, Urtica diocia*

Diese Pflanze bedarf vermutlich keiner Vorstellung – wohl jeder hat schon ihre Bekanntschaft gemacht. Ihre Wirkstoffe sind – neben der bekannten Ameisensäure Histamin, Chlorophyll und Eisen, Enzyme, Mineralstoffe und ein Nesselgift. Brennesseltee und -saft wirken harntreibend, erhöhte Harnstoffwerte werden gesenkt; man hat damit vor allem bei herzbedingten Ödemen gute Erfahrungen gemacht. Äußerlich ist der Brennessel-Spiritus sehr beliebt, er fördert vor allem die Durchblutung und reizt das Nervensystem der Haut – Wirkungen, die nicht nur bei neuralgischen und rheumatischen Schmerzen gefragt sind, sondern auch bei Haarproblemen. Dabei wird aber nicht die Ameisensäure der Brennhaare wirksam, sondern ein der Harzsäure nahestehender Stoff.

Brennesselabsud: Zwei Handvoll Brennesseln mit ½ l kochendem Wasser übergießen, 5 Minuten ziehen lassen, abseihen und eine Tasse Essig dazugeben. Dieses Mittel, täglich zweimal in die Kopfhaut einmassiert, hilft gegen Schuppen und soll auch Haarausfall eindämmen.

Birke, *Betula pendula*

Auch hier ist es müßig, die Pflanze, den Baum mit der auffallend weißen Rinde, vorzustellen. Sowohl die Blätter wie auch der Saft und ein aus der Rinde bereiteter Tee spielen als Arzneimittel eine Rolle. Auch der Birke wird wassertreibende Wirkung nachgesagt; sie soll vor allem gegen Wasseransammlungen im Gesicht (Tränensäcke), im Knöchelbereich usw. wirken, doch blieben Untersuchungen bisher – im Gegensatz zur Brennessel – den Beweis dafür schuldig. Birkenwasser wird seit altersher mit der Haarpflege in Verbindung gebracht. Es bremst vor allem die Schuppenbildung, auch ein Nachlassen des Haarausfalles soll bei regelmäßigen Einreibungen beobachtet werden. Auf jeden Fall entfettet Birkenwasser das Haar.

Birkenblätter-Auszug: Acht Teelöffel getrocknete Birkenblätter in einer Schüssel mit 120 ml kochendem Wasser übergießen und 8 Minuten ziehen lassen. Die ausgekühlte, abgeseihte Flüssigkeit mit der gleichen Menge 90 %igem Weingeist mischen. Täglich eine geringe Menge etwa 5 Minuten lang in die Kopfhaut einmassieren, und Haarausfall wird gebremst.

Virginische Zaubernuß (Hexenhasel),
Hamametis Virginiana L.

Dieser bis zu 8 Meter hohe, aus Nordamerika stammende Strauch ist in unseren Breiten lediglich in Gärten und Parkanlagen zu finden. Die leuchtend gelben Blüten erscheinen im Vorfrühling, meist liegt noch Schnee. Es sind aber nicht die Blüten, die als Heilmittel Verwendung finden, sondern die später erscheinenden Blätter und die Rinde. Die adstringierende, entzündungshemmende Wirkung der Hamamelis wird vor allem äußerlich genutzt, sie ist Bestandteil zahlreicher kosmetischer Präparate.

Zinnkraut (Schachtelhalm), *Equisetum arvense L.*

Dieses Unkraut, das feuchten, lehmigen Boden bevorzugt, hat eine große Vergangenheit: Vor mehr als 300 Millionen Jahren, im Karbon, erreichten seine Vorfahren Höhen bis zu 30 Metern. Es ist – neben Gerbstoffen, Saponin und Bitterstoffen – vor allem die Kieselsäure, die Haut und Haar guttut. Gegen Schuppen und fettes Haar ist Zinnkraut innerlich und äußerlich einzusetzen: Täglich zehn Tropfen Zinnkrauttinktur mit Wasser einnehmen, und das Haar mit Zinnkrauttee (8 g Tee mit ½ l kochendem Wasser übergießen, abseihen) spülen.

Ein **Haarwasser,** das gegen Schuppen, fettiges Haar und empfindlichen Haarboden hilft, wird aus 40 g Brennesseltinktur, vermischt mit ½ Teelöffel Arnikatinktur und 60 g Hamameliswasser hergestellt. Ein anderes Haarwasser wird mit Melissenöl angereichert, um dessen desinfizierende Wirkung zu nützen: 20 g Birkenblättertinktur mit drei Tropfen Melissenöl vermengen, abschließend 80 g Hamameliswasser hinzufügen.

Haarausfall und Schuppen

werden oft auch mit **Klettenwurzelöl** behandelt – am zweckmäßigsten vor dem Haarewaschen in die Kopfhaut einmassieren und eine Nacht lang einwirken lassen. Bei trockenem Haar ist Obstessig in das letzte Schwemmwasser ein altes Hausmittel – die Mineralstoffe und Spurenelemente setzen sich fest, das Haar wirkt nicht mehr so stumpf. Obstessig ist auch Bestandteil des **Lavendelessigs,** der gegen fettes Haar einzusetzen ist: 100 g getrocknete Lavendelblüten, 40 g Salbeiblätter in 1 l Obstessig zwei Wochen in einer gut verschlossenen Flasche in die Sonne stellen. Dann abseihen und jeweils 10 ml auf 2 l Wasser für die Spülung verwenden.

Kräutersäfte

Natürlich sind frische Kräuter, frisches Gemüse und Obst zu bevorzugen – aber was tun, wenn man die stärkenden, heilenden Inhaltsstoffe der Pflanzen ganz schnell in konzentrierter Form genießen möchte oder muß?

So viel Rohkost auf einmal schafft man einfach nicht! Da ist es praktisch, auf Pflanzensäfte oder auch Elixiere zurückzugreifen. Sei es, daß eine saisonbedingte Kur auf dem Programm steht oder eine Unpäßlichkeit schnell auskuriert werden soll – fertige Säfte und Elixiere aus Apotheke oder Drogerie sind in bester Qualität schnell zur Hand – auch wenn die betreffende Pflanze gerade nicht Saison hat.

Pflanzensäfte gibt es aus nahezu allen Gewächsen, die in diesem Buch angeführt sind, und noch viele mehr.

Artischockensaft beispielsweise unterstützt speziell die Leber bei ihrer Entgiftungsarbeit, die Gallenproduktion wird angeregt, durch die Bitterstoffe wird die Verdauung gefördert.

Bärlauchsaft fördert ganz allgemein die Durchblutung, zusätzlich regt er die Magen- und Darmdrüsen an. Bärlauch ist in seinen Inhaltsstoffen dem Knoblauch ähnlich.

Borretschsaft erhöht die Lebensfreude, denn er wirkt ausgleichend auf das Nervensystem und steigert die Leistungskraft.

Brunnenkressesaft fördert den Stoffwechsel und regt ganz allgemein an, die Pflanze beinhaltet unter anderem Kalium, Jod und Schwefel.

Hafersaft mit seinem reichen Mineralstoffangebot (Phosphor, Eisen, Kobalt, Mangan, Zink, Aluminium, Kalium und andere) ist bei nervösen Erschöpfungszuständen ein natürliches Aufbaumittel.

Karottensaft erfrischt und belebt. Die Karotte hat unter ihrem besonders großen Vitaminangebot einen Spezialisten für schöne Haut und gute Augen: das ProVitamin A. Ein paar Tropfen Speiseöl dazu, damit das fettlösliche Vitamin aufgenommen wird.

Kren- (Meerrettich-) saft hat mit Sinigrin, einem Senfölglykosid, seinen Hauptwirkstoff, der vor allem bei zu geringer Magensaftproduktion sein Können zeigt. Außerdem wirkt Krensaft harntreibend, gegen Blähsucht und, mit Honig gesüßt, hustenreizlindernd. Neuen Erkenntnissen zufolge entwickelt Kren auch eine nicht zu unterschätzende antibiotische Wirkung.

Kürbissaft ist das passende Mittel bei Nieren- und Harnproblemen, es regt die Ausscheidung an. Reizblase und Prostata reagieren besonders positiv auf Kürbis.

Mistelsaft bessert bei jenen Beschwerden das Befinden, die durch Arteriosklerose bedingt sind. Die Wirkung der Mistel als blutdrucksenkendes Mittel ist vermutlich auf ein dem Azetylcholin verwandtes Cholinderivat zurückzuführen.

Paprikasaft wirkt entwässernd und unterstützt dadurch Herz und Kreislauf.

Rosmarinsaft ist ein anregendes Kreislaufmittel, das mit seinem Kampfer enthaltenden ätherischen Öl vor allem auf das Nervensystem der Gefäße einwirkt.

Roter Rübensaft ist durch seinen Reichtum an Aufbaustoffen und seinen leicht aufnahmefähigen Zuckergehalt ein ausgezeichnetes Mittel für Rekonvaleszente, Kinder und Blutarme. Vor allem der rote Farbstoff, das Betanin, steigert die Widerstandskraft und stimuliert ganz allgemein.

Sanddornsaft bekämpft – nicht zuletzt durch seinen hohen Gehalt an Vitamin C – Übermüdung und steigert das Leistungsvermögen sowohl von geistigen Arbeitern als auch von Sportlern. Vorbeugend eingenommen haben Erkältungskrankheiten kaum eine Chance. Das Großaufgebot an Vitaminen macht Sanddornsaft zum Aufbaugetränk bei Rekonvaleszenz und in der Schwangerschaft.

Sauerkrautsaft hat eine blutreinigende Wirkung und auch für den Verdauungstrakt ist dieser Saft eine Wohltat, die beispielsweise die Chinesen schon 215 v. Chr. zu schätzen wußten.

Schwarzrettichsaft ist Balsam für die Leber und hilft bei Gallebeschwerden, und zwar indirekt – indem er den Darm beeinflußt und die Muskulatur der Galle anregt. Um die volle Wirkung zu erzielen, ist eine Kur angezeigt, wobei jeweils nach vier bis fünf Tagen eine Pause von zwei bis drei Tagen eingelegt werden sollte.

Topinambursaft enthält zwar wenig Vitamine, dafür aber Inulin und viel Kalium, Phosphor, Magnesium und Eisen. Alle Inhaltsstoffe vereint, wirken aufbauend und nervenstärkend.

Zwiebelsaft lockt Magen- und Darmsäfte, außerdem wirkt er entschlackend. Zwiebelsaft vermehrt die Abgabe von Verdauungssäften und sorgt dafür, daß Schlacken und Wasser auf natürlichem Wege ausgeschieden werden.

So, wie in den Pflanzen nicht einzelne Wirkstoffe isoliert, sondern alle im Zusammenwirken für Erfolg sorgen, so entfalten Kombinationen von unterschiedlichen Säften noch bessere Wirkungen. Im folgenden die Saftkombinationen, die sich im Laufe der Zeit in Form von Kuren als besonders wirksam herausgestellt haben.

Atmung: Je zwei Flaschen Spitzwegerich und Zinnkraut.

Entschlackung: Je zwei Flaschen Brennessel, Löwenzahn und Sellerie.

Gelenke (Gicht, Rheuma): Drei Flaschen Birke, zwei Flaschen Brennessel, eine Flasche Sellerie.

Herz/Blutdruck: Drei Flaschen Schafgarbe, drei Flaschen Weißdorn.

Leber: Vier Flaschen Artischocke, zwei Flaschen Löwenzahn.

Leber/Galle: Je zwei Flaschen Schwarzrettich, Löwenzahn und Wermut.

Magen/Darm: Je zwei Flaschen Wermut, Brunnenkresse und Schafgarbe.

Nieren/Blase: Je zwei Flaschen Birke, Sellerie und Zinnkraut.

Schlankheit: Je zwei Flaschen Brennessel, Brunnenkresse und Sellerie.

Schönheit: Je zwei Flaschen Schafgarbe, Löwenzahn und Zinnkraut.

Stoffwechsel (Frühjahrs- und Herbstkur): Zwei Flaschen Birke, zwei Flaschen Brennessel, eine Flasche Löwenzahn, eine Flasche Spitzwegerich.

Die Säfte sind – eine Flasche nach der anderen – im Rahmen der Kur dreimal täglich einzunehmen und zwar jeweils ein Eßlöffel voll. Der Saft kann pur oder in einer Verdünnung von 1:6 (ein Teil Pflanzensaft und sechs Teile Wasser, Tee oder Fruchtsaft) genommen werden.

Die Anwendung von Säften ist natürlich nicht nur auf „Kurbetrieb" beschränkt. Stärkende, aufmunternde oder einfach gesunde und erfrischende Getränke sind schließlich auch zwischendurch gefragt! Geschmacklich vertragen sich beispielsweise Rote Rübe mit Brennessel und Topinambur; auch Eberesche, Sanddorn- und Zitronensaft, mit Ahornsirup gesüßt, sind eine gute Mischung. Fantasie und Experimentierfreudigkeit sind keine Grenzen gesetzt, auch Gewürzkräuter oder Tee können mit von der Partie sein!

Küche

Es ist Ihnen sicher schon aufgefallen – die eine oder andere pflanzliche „Medizin", Kümmel, Wacholder und Anis beispielsweise – zählt zu den Gewürzen, die im Küchenalltag ihren Platz haben. Tatsächlich ist zwischen Gewürz- und Heilpflanze kaum eine Grenze zu ziehen, lediglich die Menge entscheidet, ob die Pflanze als Verdauungshilfe oder Medikament wirken soll.

Gewürze verbessern nicht nur den Geschmack, sondern erleichtern auch dem Körper die Aufnahme der Nahrung.

Das beginnt bereits bei dem durch entsprechendes Würzen hervorgerufenen Wohlgeruch der Speisen – es läuft das Wasser im Mund zusammen. Schon startet der erste Verdauungsschritt, denn im Speichel sind Enzyme, die unverzüglich im Mund auf dem Weg in den Magen mit dem Kohlenhydratabbau beginnen. Gewürze erinnern auch die für die Verdauung zuständigen Drüsen an ihre Arbeit – die Sekretlieferung wird angeregt. Sie wirken durch ätherische Öle, Bitterstoffe und/oder Scharfstoffe.

Die ätherischen Öle beispielsweise, u. a. bei Thymian, Ingwer und Kümmel, leiten nicht nur die Verdauung ein, sondern animieren Magen und Darm auch zu stärkerer Motorik. Außerdem desinfizieren diese Öle und lösen Krämpfe. Dadurch verhindern sie Gärung und Fäulnisbildung, Blähungen bleiben aus.

Bitterstoffe regen den Appetit an und unterstützen die Galle, was bei der Verdauung von Fett besonders nützlich ist; die Scharfen, Pfeffer und Paprika beispielsweise, sind darin Meister, Magen und Darm zu aktivieren.

Das Geheimnis der individuellen Küche sind ideenreich komponierte Gewürz- und Kräutermischungen. Einige „Spielregeln" allerdings beherzigen alle Köchinnen und Köche, wollen sie ihre Zutaten optimal nützen.

Frische Küchenkräuter werden nur in ganz seltenen Fällen mitgekocht – erst kurz vor dem Servieren zerkleinert und über die Speise gestreut, schmecken sie am besten und behalten ihre wichtigen Inhaltsstoffe. Getrocknete Küchenkräuter hingegen sollten kurz vor der Fertigstellung in die Gerichte gegeben werden, damit sie noch etwas ziehen und dadurch ihr Aroma richtig entfalten können.

Gewürze, die mitgekocht werden – z. B. Kümmel, Wacholder oder Lorbeer – bleiben unzerkleinert.

Ein Trick: Vereint in einem Säckchen (dessen Plazierung während des Kochens mehrmals verändert wird), sind diese Zutaten später problemlos zu entfernen.

Die wichtigsten Küchengewürze und ihre „Funktion" nach dem Alphabet:

Anis

Er stammt aus dem Orient und ist eine vorzügliche Verdauungshilfe. Nicht von ungefähr sind Anisplätzchen traditionelle Weihnachtskekse. Früher einmal wurden viele schwere Speisen mit Anis gewürzt. Wenn Sie versuchen, Anis wieder mehr einzusetzen – beispielsweise bei Rotkraut – dann zurückhaltend. Er ist sehr dominant.

Basilikum

Der zweite Name, Pfefferkraut, macht deutlich, welche Geschmacksrichtung Basilikum vertritt. Für Galle- und Leberleidende, die Pfeffer meiden müssen, ist es Gold wert. Basilikum, scharf-aromatisch, regt Magen und Darm an, auch als Tee ist es im Einsatz: Ein bis zwei Löffel Basilikum mit ¼ l kochendem Wasser übergießen und gute 10 Minuten ziehen lassen. Nicht nur Magenbeschwerden und Appetitlosigkeit, sondern auch nervöse Unruhe und Schlaflosigkeit werden durch diesen Tee gemildert.

Chili

Chili ist ein Nachtschattengewächs aus den tropischen Gebieten Amerikas und mit dem Paprika verwandt. Es gibt die verschiedensten Sorten, die Geschmacksrichtung der Schoten reicht von mild bis höllisch scharf. Mit dieser Schärfe richtig umzugehen, erfordert viel Fingerspitzengefühl beim Kochen, doch scharfer Chili fördert nicht nur die Verdauung, sondern aktiviert auch den Kreislauf.

Dill

Schon längst ist dieses Gewürzkraut aus dem Orient in unseren Gärten heimisch. Es wirkt beruhigend, magenstärkend und windtreibend, sein ätherisches Öl wirkt gegen jene Bakterien im Darm, die für die Gärung zuständig sind.

Fenchel

Obwohl vor allem als Tee gegen Blähungen bekannt, hat Fenchel eine lange Küchengeschichte hinter sich, wußten doch bereits die alten Ägypter seine hervorragende Wirkung zu schätzen. Würzversuche bei Kraut und Kohl machen allenfalls diese Gemüsesorten auch für Empfindliche wieder genießbar.

Gewürznelken

Es ist vor allem das ätherische Öl dieser getrockneten Blüten-knospen des Gewürznelkenstrauches, das für das unvergleichliche Aroma zuständig ist.

Ingwer

Sein scharfes, leicht bitteres Aroma ist eine vorzügliche Verdauungshilfe für den Magen. Die Wurzel stammt aus Westindien, sie sollte dem Pulver vorgezogen werden, da sie mehr Inhaltsstoffe hat. Ingwer paßt beispielsweise zu Fleisch, Reisgerichten, Geflügel und Wild.

Knoblauch

Dieser Vertreter der Liliengewächse ist in letzter Zeit ins Rampenlicht wissenschaftlicher Erkenntnisse gerückt: aufgrund der vorbeugenden Wirkung gegen Arterienverkalkung und der Stärkung von Herz und Kreislauf.

Leider ist mit seinem Genuß untrennbar der deutliche Geruch verbunden. Wenn sich auch der verräterische „Duft" gleich nach dem Essen durch einige Schlucke Milch reduzieren läßt – wirkungsvolle Knoblauchmengen machen sich Stunden später über Haut und Atmung bemerkbar, was ja an sich ein positives Zeichen ist. Beweist es doch, daß die Wirkstoffe wirklich den ganzen Körper durchdringen.

Kümmel

Er ist ein sehr dominantes Gewürz und verträgt keine anderen starken Aromen neben sich. Verdauungsfördernd, blähungstreibend und entkrampfend ist er ein guter Begleiter für fette

Speisen. Ein Tip für jene, die die Kümmelkörnchen absolut nicht ausstehen können: Entweder gemahlenen Kümmel verwenden oder das Gewürz in einem Säckchen mitkochen, das vor dem Servieren wieder entfernt wird.

Lorbeer

Nicht nur als Siegeskranz, auch als appetitanregendes Gewürz hat Lorbeer Karriere gemacht. Haben die im Ganzen mitgekochten Blätter ihre Bitterstoffe und das ätherische Öl an die Speise abgegeben, so werden sie wieder entfernt.

Majoran

Fette Braten und auch fettes Geflügel gewinnen nicht nur geschmacklich ungemein, ist Majoran mit im Spiel, die Speisen werden auch leichter verdaut. Seine windtreibende Wirkung stellt Majoran als Beigabe bei Hülsenfruchtgerichten unter Beweis.

Melisse

Sie ist nicht nur als Heilpflanze gefragt, auch in der Küche wird ihr frisches Aroma geschätzt – und zwar in Suppen, Salaten und Gemüse. Diese Gerichte werden mit Melisse schmackhafter und bekömmlicher.

Muskat

Die Muskatnuß mit ihrem ätherischen Öl ist vor allem in der Diätküche sehr gefragt, wird sie doch auch von Galle- und Leberempfindlichen gut vertragen. Diese Frucht eines bis zu 20 Meter hohen Tropengewächses muß allerdings behutsam verwendet werden. Allzuleicht „erschlägt" sonst das starke Aroma jeden Eigengeschmack.

Paprika

Dieses Gewürz ist imstande, Salz zu ersetzen. Es gibt die verschiedensten Sorten. So wie Chili wird Paprika in verschiedenen „Schärfeklassen" angeboten: Scharfpaprika, halbedelsüßer Paprika und Rosenpaprika, edelsüßer Paprika und Delikateßpaprika, der wertvollste von allen. Werden Scheidewände und Samen des getrockneten Paprikas mit vermahlen, so ist er schärfer, das betrifft alle Sorten. Allen Paprikaarten gemeinsam ist auch, daß sie keinesfalls im siedenden Fett landen dürfen. Der Geschmack wird unangenehm, weil die Zuckeranteile durch die Hitze karamelisieren.

Paprika ist ein wahrer Tausendsassa, sowohl hinsichtlich seiner Einsatzmöglichkeiten – so ziemlich alle Fleischspeisen bis zu Geflügel, Fisch, Soßen usw. vertragen ihn – als auch seiner Wirkung. Nehmen ältere Menschen regelmäßig Paprika zu sich (als Gewürz oder in Schoten), so leisten sie einen wertvollen Beitrag im Kampf gegen Sklerose und Blutgerinnsel. Außerdem erleichtert Paprika die Stärkeverdauung, lockt vermehrt Verdauungssäfte hervor, regt die Nebennierenrinde an und schiebt Durchfallerkrankungen einen Riegel vor.

Petersilie

Daß dieses vielgebrauchte Küchengewürz auch eine bedeutende Heilpflanze ist, spricht sich erst langsam herum. Es sind vor allem die Früchte, die die Harnausscheidung kräftig antreiben. Ihr ätherisches Öl besteht größtenteils aus Apiol, das eigentlich ein Giftstoff ist und in größeren Mengen vor allem von Schwangeren gemieden werden muß. In der Küche allerdings kann Petersilie unbedenklich verwendet werden, zumal ja lediglich Wurzeln und Blätter im Einsatz sind. Mit den frischen Blättern werden Eisen, Kalzium, Phosphor und viel Vitamin A und C geliefert.

Pfeffer

Diesen Scharfmacher verdankt Europa dem Entdeckerdrang von Christoph Kolumbus. Mittlerweile gibt es die verschiedensten Züchtungen, doch das charakteristische „Brennen" ist allen gemeinsam und dem Wirkstoff Capsicain zu verdanken. Menschen mit empfindlichem Magen und/oder Darm sollten größere Mengen meiden. In Maßen genossen, wirkt Pfeffer appetitanregend und verfeinert den Geschmack.

Senf

Ihn gibt es mittlerweile in den verschiedensten Geschmacksrichtungen, doch Ausgangspunkt sind jedesmal schwarze oder weiße Senfkörner, die Früchte des einjährigen Krautes. Mit Senf kann entweder als fertige Mischung oder auch im Korn (zerdrückt oder ganz) gewürzt werden, er beschleunigt in jedem Fall entscheidend die Verdauung von fetten Speisen – der Magen wird schneller leer und die Darmpassage beschleunigt. Denselben Effekt haben übrigens auch Bitterstoffe im Enzian und im Wermut.

Thymian

Das ätherische Öl dieses Gewürzkrautes aus dem Mittelmeerraum verhindert Blähungen und bremst Gärungsvorgänge im Darm. Mit ihm wird fettes Essen auch für Empfindliche bekömmlicher.

Kräuterkissen

Vorübergehend beinahe in Vergessenheit geraten, werden die duftenden, beruhigenden, heilenden Pölsterchen nun wiederentdeckt. Die Zeit, in der Menschen zunehmend ablehnen, bei kleinen Unpäßlichkeiten mit „Kanonen auf Spatzen" zu schießen und geballte Chemie für schwere Fälle reservieren, räumt den Kräuterkissen wieder einen festen Platz im Alltag ein.

Kräuterkissen können zu unterschiedlichen Zwecken eingesetzt werden: Um Befindlichkeitsstörungen sozusagen im Schlaf zu korrigieren, um ein angenehmes Flair in der Wohnung zu verbreiten, um dezent seine Duftnote bei Kleidung und Wäsche zu unterstreichen und nicht zuletzt, um unliebsame „Gäste" aus den Kleider- und Wäscheschränken fernzuhalten.

Das klassische Kräuterkissen – das Schlafkissen (Nachfahre der einst mit Kräutern gefüllten Matratzen und Polster) – wirkt vor allem bei Einschlafstörungen, Kopfschmerzen, Migräne und Nervosität: Die in den Heilkräutern des Kissens enthaltenen ätherischen Öle lösen sich durch die Körperwärme und entfalten über die Atemwege ihre Wirkung. Kräuterkissen gibt es fertig im Handel, sie können aber auch selbst angefertigt werden. Als Mini-Ausgabe sind sie auch hübsche kleine Mitbringsel.

Beruhigungs- und Einschlafkissen

Hopfenblüten, Lavendel-, Orangen- und Kamillenblüten sowie Pfefferminze, Melisse und Thymian erleichtern das Einschlafen und lindern Nervosität.

Kopfschmerzkissen

Pfefferminze, Krauseminze und Wasserminze zu gleichen Teilen, dazu etwa einen Eßlöffel gestoßene Gilgenwurzel (Gelbwurzel) als Fixiermittel.

Kräuterkissen sind maximal ein Jahr lang wirksam, dann müssen sie erneuert werden. Sparsame leeren den Inhalt nicht gleich in die Bio-Tonne: Sie gönnen sich damit abschließend noch ein Kräuterbad! Ein – durchaus wirksamer – Trick ist übrigens, die Kräuter durch ätherische Öle zu regenerieren. Man kann auch das Kissen mit weichem Material (vorzugsweise Schafwolle) füllen, im Kern deponiert man den mit vier bis fünf Tropfen Öl versehenen Duftträger, am besten ein Stück Filz. Die ätherischen Öle wählt man nach seinen Bedürfnissen.

Mottenkissen

Die gefräßigen Schädlinge, die es auf unsere Textilien abgesehen haben, meiden unter anderem den Geruch von Beifuß, Eberraute, Lavendel, Majoran, Minze, Rosmarin, Salbei, Thymian, Waldmeister und Zypressenkraut. Entsprechende Mischungen – beispielsweise zwei Eßlöffel Lavendelblüten mit je einem Eßlöffel Majoran und Waldmeister – schützen vor Motten. Der „Dreh" mit dem ätherischen Öl klappt auch hier: Citronellöl, Lavendelöl, Nelkenöl, Patchouliöl und Zedernholzöl stehen zur Auswahl.

Pflanzenhelfer, die Aussehen, Geschmack und Stabilität verbessern

Wenn man sich selbst eine Teemischung zubereitet oder in der Apotheke zubereiten läßt, sollte man nicht nur daran denken, daß sie wirksam ist. Genauso wichtig ist es, daß der Tee gut aussieht und noch wichtiger, daß er möglichst gut schmeckt.

Wenn Sie die in diesem Buch angeführten Teemischungen durchgehen, fällt auf, daß manche Kräuter enthalten sind, die den jeweiligen Beschwerden gar nicht gerecht werden. Sie sind aber wichtiger Bestandteil dieser Mischung, weil sie den Tee aufwerten, vorher fürs Auge, den trinkfertigen Tee geschmacklich.

Diesen „Trick" soll man ruhig anwenden, dann ist auch eine Teekur über zwei bis vier Wochen möglich. Ein weiteres Problem ist die „Ent"mischung von Kräutern. Schon nach kurzer Zeit ist der „Bodensatz" im Teesäckchen anders zusammengesetzt als die obere Hälfte. Da kann man sich auf zwei Arten helfen:

Man gibt die Mischung in eine Dose, die man regelmäßig vor Gebrauch umschüttelt. Oder man mischt Kräuter mit rauher Oberfläche dazu, die andere mit glatter festhalten. Sinnvollerweise sollen diese keine eigenen Heilwirkungen aufweisen.

Schmuckkräuter

Als Beigabe fürs Auge eignen sich Ringelblume, Katzenpfötchen, Malvenblüte, Sandelholz, Hibiskusblüten, Wollblumen und Hagebutten.

Welches Schmuckkraut zu welcher Teemischung?

Erkältungs-Grippe-Husten-Tees usw.: Malvenblüten, Wollblume, Hagebutte

Magen-Darm-Galle-Leber-Tees: Ringelblume, Hibiskusblüte, Katzenpfötchen

Nerven- und Schlaftees: Wollblume, Hibiskus

Blutreinigungs-Entschlackungs-Rheuma-Tees: Hibiskusblüte, Hagebutte, rotes Sandelholz

Blasen- und Nierentees: Hibisikusblüte und Hagebutten

Die Schmuckdrogen sind, wenn überhaupt, nur schwach wirksam. Mit Rücksicht auf die ihnen zugeschriebene Wirkung in der Volksmedizin sorgt man so dafür, daß sie nicht nur fürs Auge wirken.

Aromakräuter

Den Geschmack einer Mischung verbessern erfolgreich Fenchel, Anis, Pfefferminze, Lavendel, Orangenblüten bzw. -schalen. Wegen der eigenen Wirkung nur in kleinen Mengen Rosmarin und Thymian.

Wer verbessert für welche Mischung das Aroma?

Erkältungstees: Fenchel, Anis, Thymian, Orangenschalen, Hagebutte

Verdauungstees: Pfefferminze, Orangenschale, Anis, Fenchel, Thymian

Nerven-Schlaftees: Orangenblüten, -schalen, Lavendel

Blutreinigungs-, Entschlackungs-, Rheumatees: Pfefferminze, Lavendel, Rosmarin

Blasen-, Nierentees: Pfefferminze, Orangenschalen

Stabilisierungskräuter

Da haben sich vorzüglich Himbeerblätter oder bedingt Katzenpfötchen bewährt. 20 % der Teemischung als Stabilisierungsdroge genügen, um eine Entmischung zu verhindern. Das muß aber bei der Dosierung berücksichtigt werden. Ein halber bis ein Teelöffel mehr pro Tasse zu verwenden, hat sich als ratsam erwiesen.

Honig

Honig dürfte der älteste von Menschen benutzte Süßstoff auf der Welt sein – und eines der ältesten Heilmittel. Honig ist sicher mehr als Zucker. Um den Rohstoff für ein Kilo Honig zu sammeln, müssen Bienen bis zu 20 Millionen Blüten besuchen; im Laufe eines Tages bringen sie so viele Flugkilometer zusammen, daß es locker für Mehrfachflüge zum Mond reichen würde!

Zusammensetzung

Nachdem die Bienen den Nektar veredelt haben – sie verändern ihn chemisch, wodurch er für Menschen leichter verdaulich wird und trocknen ihn von 80 Prozent Wassergehalt auf 18 bis 20 Prozent -, besteht das Endprodukt Honig aus verschiedenen Zuckerarten, vorwiegend Invertzucker, aber auch Saccharose (Rohrzucker), Maltose (Malzzucker) und anderen Zuckerarten. Neben einem Rest von Wasser sind im Honig auch Mineralsalze, organische Säuren, Enzyme, Proteine sowie Aromastoffe zu finden. Unter dem Mikroskop entdeckt man außerdem Pollen und Pilzsporen. Auch Vitamine und besonders hitzeempfindliche Enzyme sind Honigbestandteile. Ebenso wichtig ist das Inhibin, ein keimhemmender, ja sogar keimtötender Eiweißstoff im Honig, der den Bienenstock vor Krankheiten schützt. All diese Ingredienzen – und noch einige mehr – schaffen ein Produkt, das auch bei noch so sorgfältiger Vorgangsweise im Labor nicht nachgeahmt werden kann.

Ein ganz wichtiges Indiz für Echtheit und Qualität – das allerdings erst nach geraumer Zeit erkennbar wird – ist die Kristallisation.

Kristallisierter Honig wird durch Erwärmung im Wasserbad (maximal 50 Grad!) wieder flüssig, auch die ursprüngliche Farbe kehrt zurück. Honig, der nicht fest wird, hat meist zu viel Hitze abbekommen – seine Wirkstoffe sind dahin. Keine Zeichen von „Naturbelassenheit", sondern von schlechter Verarbeitung sind schwarze Punkte (Staubpartikel), Wachsteilchen oder ein Wachskranz im Glas. Schmeckt Honig säuerlich, so wurde er vermutlich unreif geerntet, er gärt.

Lagerung

Solange Bienen die Verantwortung tragen, wird Honig automatisch richtig gelagert. Der Imker bekommt ein harmonisch zusammengesetztes, ausgereiftes, fertiges Produkt. Es liegt am Menschen, daß es so bleibt. Soll Honig alle seine wertvollen Inhaltsstoffe behalten, so darf er niemals über 50 Grad (noch besser 45 Grad) erhitzt, aber auch nicht Minusgraden ausgesetzt werden. Honig ist lichtempfindlich, außerdem muß er luftdicht abgeschlossen gelagert werden, da er Feuchtigkeit aus der Luft anzieht, dadurch verdünnt wird und in der Folge gären kann.

Sortenvielfalt

Der Kenner vermag von der Honigfarbe auf die hauptsächlichen Nektarquellen zu schließen: Ist sie weiß, goldgelb bis bräunlich, so waren Wiesenblumen die Lieferanten; dunkel – und meist typisch im Geschmack – ist der Waldhonig. Das Pollengemisch bestimmt, welche Honigsorte „gebraut" wurde. „Leitpollen" (und Namensgeber) machen mehr als 45 Prozent der Gesamtpollenmenge aus, Begleitpollen sind zu 16 bis 45 Prozent vertreten. Alle Pollen, die unter 16 Prozent zu finden sind, sind „Einzelpollen".

Österreichischer Honig wird in drei Hauptkategorien unterteilt: Waldhonig (aus Honigtau, mit besonders vielen bakterientötenden Substanzen), Gebirgshonig (Honigtau und Nektar von Alpenpflanzen) sowie Blütenhonig (hoher Traubenzuckergehalt). Eine österreichische Spezialität ist der Kastanienhonig (Nektar von Edelkastanienblüten). Scheibenhonig, reifer Honig in frisch gebauten Waben (das Wachs ist ganz hell), wird samt dem Bienenwachs gegessen.

Einige Spezialsorten:

Akazienhonig: Er stärkt Herz und Kreislauf, wirkt entspannend auf das Nervensystem und ist altbewährt bei Husten- und Erkältungskrankheiten.

Alpenrosenhonig: Eine Rarität, die besonders bei Erkältungskrankheiten und Konzentrationsschwäche hilft.

Buchweizenhonig: Er baut Erschöpfte wieder auf, lindert kindliche Wachstumsschmerzen und läßt Brüche schneller und besser heilen.

Erika-Honig: Heidekraut wird bei Nieren-, Blasen- und Prostatabeschwerden eingesetzt, ebenso der Honig daraus.

Eukalyptushonig: Er stammt aus Spanien oder gar Afrika und ist – ebenso wie sein pflanzlicher Ursprung – für den Hals-, Nasen- und Rachenraum, für die Bronchien sowie den Magen- und Darmtrakt „zuständig".

Gebirgshonig: Mit seinem hohen Anteil an Spurenelementen gut bei Erkältungskrankheiten.

Kastanienhonig: Durch den hohen Bitterstoffanteil ist er wertvoll für Menschen mit Nervenschwäche, Wetterfühligkeit oder Schlaflosigkeit. Außerdem kann er an Krampfadern Leidenden empfohlen werden.

Kleehonig: Seine Stärke liegt in der schleim- und krampflösenden Wirkung.

Lavendelhonig: Er kommt vor allem aus der Provence. Hohe Heilkraft (antiseptisch) zeichnet ihn aus, außerdem hilft er bei Grippe, Schlaflosigkeit.

Lindenhonig: Sein köstlicher Geschmack sichert dem hellgelben Honig viele Liebhaber, dazu kommt, daß er bei Kopfschmerzen hilft, die Verdauung unterstützt und entspannend sowie krampflösend wirkt.

Löwenzahnhonig: Eine seltene, stärkende Kostbarkeit mit hohem Traubenzuckeranteil.

Orangenhonig: Ihn produzieren Bienen in Afrika und Spanien. Krampflösend und beruhigend, hat er schon vielen Migränekranken geholfen, aber auch Schlafgestörten und Nervenschwachen.

Quendelhonig: Er ist eine französische Spezialität und hat ähnliche Wirkung wie Thymianhonig, auch Husten und Gastritis lindert er.

Pfefferminzhonig: Er ist natürlich von Minzenkulturen abhängig, dementsprechend selten. Seine Stärke liegt in der positiven Einwirkung auf Verdauungs- und Harntrakt, ebenso auf vegetative Störungen.

Rosmarinhonig: Aus Frankreich kommt jener Honig, zu dem bei Leber- und Verdauungsbeschwerden, aber auch Potenzstörungen gegriffen wird.

Rapshonig: Der cremig weiße Honig ist durch seinen hohen Traubenzuckeranteil für Kleinkinder und sportlich aktive Menschen empfehlenswert.

Thymianhonig: Seine Produktion ist mediterranen Ländern vorbehalten. Er wirkt unter anderem antiseptisch im Verdauungs- und Urogenitaltrakt, fördert die Verdauung und unterstützt die Abwehr bei grippalen Infekten.

Weißdornhonig: Er vermittelt die Heilwirkung seiner „Stammpflanze", wird daher vor allem als Herztonikum eingesetzt.

Honig kann die Heilwirkung eines Kräutertees oder auch die eines Medikamentes nur unterstützen, nie ersetzen, da ja nur Spuren der heilenden Substanz enthalten sind.

Gelee royale

Ein anderes (und das teuerste) Produkt der Bienen, welches sich die Menschen aneignen, weil es gesundheitsfördernde Wirkung hat, ist das Gelee royale, der Weiselfuttersaft. Er wird nur wenige Tage lang in den alsbald verkümmernden Kopfdrüsen junger Bienen erzeugt und ist für das Bienenvolk das Lebenselixier, wie die Bienenkönigin beweist: Während sommerliche Arbeitsbienen, die lediglich drei Tage in ihrer „Kindheit" damit gefüttert werden, meist nur rund fünf Wochen leben, erhält die Königin, die doppelt so groß wird, diesen ganz besonderen Saft ihr Leben lang. Und dieses währt vier bis fünf Jahre! Ihre Leistung in dieser Zeit ist enorm: Sie legt jeden Sommer täglich ein- bis dreitausend Eier.

Obwohl man Gelee royale chemisch (fast) genau kennt, ist nicht eindeutig klar, wodurch seine Wirkung beim Menschen erzielt wird. Proteine, Fette, einfacher Zucker, Mineralstoffe und Hormone allein erklären sie nicht – aber Gelee royale enthält auch 2,8 Prozent nicht identifizierbare Substanzen ...

Besonders wirksam sind Kombinationspräparate, allen voran jene mit Pollen. Sie helfen bei männlicher Unfruchtbarkeit und Potenzschwäche, aber auch Frauen jeder Altersstufe mit hormonellen Problemen und deren Folgen. Neben der Einnahme in Kapseln ist auch eine Gelee royale-Kombination mit Honig möglich: 1/4 kg Honig, 6 Gramm Gelee royale, gleichmäßig verteilt, kurmäßig (Frühjahr und Herbst) 21 Tage lang täglich morgens auf nüchternen Magen einen Teelöffel langsam im Mund zergehen lassen.

Pollen

Jeder, der mit offenen Augen durch die Natur geht, hat bereits Bienen mit dicken gelben Pölsterchen an den Beinen beobachtet. Sie transportieren Pollen – den männlichen Anteil beim „Pflanzensex" – in ihren Stock, wo er für die Aufzucht der Larven und als Nahrung der Ammenbienen dient, die ja Gelee royale produzieren müssen. Jeder einzelne Pollen – unter Umständen kommen 300.000 (!) auf ein Gramm – hat die komplette Erbinformation für „seine" Pflanze. Außerdem hat er alle lebensnotwendigen Zutaten, ist also Vollwertnahrung, auch für den Menschen: Zucker, Kohlenhydrate, Proteine, freie Aminosäuren (bis zu 20; 22 bekannte gibt es), Mineralstoffe, Spurenelemente, Vitamine (beinahe alle, die der Mensch benötigt), Fette, Enzyme, Antibiotika, Hormone.

Die Wirksamkeit von Pollenpräparaten ist vielfältig. Die Verdauung wird normalisiert (egal, ob verstopft oder das Gegenteil), der Gehirnstoffwechsel gefördert, Leberstoffwechselprobleme gehen zurück, die Prostata wird geschätzt, die Körperabwehrkraft gesteigert, Haut und Bindegewebe werden gekräftigt. Allergiker sollten keine Pollenpräparate einnehmen und auch bei Honig vorsichtig sein.

Propolis

Bienen produzieren mit Propolis, ihrem Kittharz, ein hochwirksames Antibiotikum, das seit seiner Entdeckung einen Siegeszug sondergleichen angetreten hat. Grundsubstanz sind verschiedene Baumharze, die (was sonst!) von den Bienen veredelt werden. Die Liste der Inhaltsstoffe von Propolis ist endlos lang, und noch immer werden neue entdeckt. Bald wird es zielführender sein, anzuführen, was nicht enthalten ist ...

Gift, Wachs und „Original-Verpacktes"

So sehr manche fürchten, von Bienen gestochen zu werden, so sehr schätzen Rheumatiker diese aus der Pollennahrung abgeleitete Substanz, denn sie regt die körpereigene Cortisonproduktion an.

Bienenwachs, eine schuppige Ausscheidung der Wachsdrüsen, ist oft Bestandteil kosmetischer Mittel, bietet aber auch kulinarisch Beachtliches, vor allem – neben Fettsäuren, Propolis und Farbstoffen – viel Vitamin A. Nun wird man sicher nicht kiloweise Wachs kauen, aber ein wenig ist sicher beim Konsum von „Originalpackungen" – Wabenhonig oder Wabenpollen – dabei. In beiden Fällen kaut man die gefüllten Waben so lange, bis nur das Wachs im Mund zurückbleibt.

Tinktur

Alkohol vermag aus Pflanzen ganz andere Inhaltsstoffe zu lösen als Wasser – dies macht man sich bei der Bereitung von Tinkturen zunutze. Ein sehr praktischer Nebeneffekt: Alkohol ist auch ein hervorragendes natürliches Konservierungsmittel.

Die Zubereitung einer Tinktur ist etwas aufwendiger, dafür wird man aber mit der längeren Haltbarkeit entschädigt. Das gängigste Verfahren ist die „Mazeration": Ein Gewichtsteil der getrockneten und zerkleinerten, am besten pulverisierten Droge (Wurzel, Blätter, Blüte, Rinde etc.) wird mit fünf bis zehn Gewichtsteilen 70prozentigem Alkohol übergossen und gut verschlossen etwa sieben Tage lang bei Raumtemperatur dunkel gelagert, wobei das Gefäß mehrmals täglich geschüttelt werden muß. Nach dem siebten Tag wird die Flüssigkeit durch ein Sieb gegossen, die Rückstände preßt man aus (am besten in einem Baumwolltuch). Die Flüssigkeit wird abermals sieben Tage – diesmal kühler, unter 15 Grad – gelagert und anschließend gefiltert (Kaffeefilter); die Tinktur ist fertig. Sie muß gut verschlossen und dunkel gelagert werden.

Arnikatinktur

10 Teile Arnikablüte, 100 Teile verdünnter Weingeist ergeben die beliebte Tinktur, die bei Zerrungen, Quetschungen, Blutergüssen als Umschlag (1 Eßlöffel für $1/4$ l Wasser) hervorragende Dienste leistet. Als Spül- und Gurgelmittel (1 Teelöffel in ein Glas Wasser) hilft sie bei Entzündungen in Mund und Rachen.

Baldriantinktur

20 Teile Baldrianwurzel, 100 Teile verdünnter Weingeist – und das Beruhigungsmittel ist fertig. Für die ätherische Version verwendet man anstelle des Weingeistes Ätheralkohol.

Enziantinktur

20 Teile Enzianwurzel und 100 Teile verdünnter Weingeist ergeben eine rötlichbraune Tinktur mit bitterem, gewürzhaftem Geschmack. Sie hilft bei Magenkrämpfen und steigert die Produktion von Magensaft und Galle, wirkt also appetitanregend (10 Tropfen in etwas Wasser geben).

Ingwertinktur

20 Teile Ingwerwurzel und 100 Teile verdünnter Weingeist – und ein hervorragendes Mittel bei Magenbeschwerden, steht zur Verfügung (dreimal täglich 20 Tropfen).

Johanniskrauttinktur

20 Teile Johanniskraut und 100 Teile verdünnter Weingeist lindern als Tinktur Nervosität und depressive Zustände (10 bis 30 Tropfen auf ein halbes Glas Wasser, bis zu dreimal täglich).

Kalmustinktur

20 Teile Kalmuswurzel und 100 Teile verdünnter Weingeist helfen als Tinktur bei Magen-, Darm- und Gallenbeschwerden, aber auch bei rheumatischen Beschwerden (Einreibungen).

Kamillentinktur

20 Teile Blüten der Kleinen Kamille und 100 Teile verdünnter Weingeist ergeben eine Tinktur, die für vielerlei Einsätze geeignet ist.

Salbeitinktur

20 Teile Salbeiblätter und 100 Teile verdünnter Weingeist ergeben eine grünbraune Flüssigkeit, die gerne für Mundspülungen (5 g in 100 ml Wasser) verwendet wird.

Zimttinktur

20 Teile Ceylonzimtrinde und 100 Teile verdünnter Weingeist ergeben eine braunrote, aromatisch nach Zimt riechende und schmeckende Tinktur, die als Magenmittel, aber auch in der Volksmedizin zur Stillung von übermäßiger Monatsblutung Verwendung findet.

Zusammengesetzte Wermuttinktur

10 Teile Wermutkraut, 5 Teile Bitterorangenschale, je zwei Teile Kalmus- und Enzianwurzel, 1 Teil Ceylonzimtrinde und 100 Teile verdünnter Weingeist ergeben eine Tinktur, die vor allem bei Verdauungsproblemen (10 bis 20 Tropfen mit etwas Wasser einnehmen) zum Einsatz kommt.

Im übrigen funktioniert die Herstellung einer Tinktur bei allen Heilkräutern, wobei die im Indikationsteil angegebene Wirkung dann in die Tinktur übergeht. Der Vorteil dabei: 15 – 25 Tropfen der Tinktur ersetzen ohne viel Herstellungsaufwand eine Tasse Kräutertee. Der Nachteil: Tinkturen sind aufgrund des Alkohols nicht für Kinder und Leberkranke geeignet.

Salben, Gels, Stifte

Oft ist eine Salbe, eine Paste, ein Gel oder ein Stift das beste „Transportmittel", um heilende oder lindernde Substanzen vor Ort zu bringen. Der Bestimmungsort muß jedoch nicht zwingend jener sein, auf den das Mittel aufgetragen wird. Man denke nur an die streng riechende Brustsalbe gegen Erkältungskrankheiten, die früher in jeder Hausapotheke fixer Bestandteil war. Sie feiert ebenso ihr Comeback wie der Alaunstift zum Stillen von Blut.

Während Cremes oder Milch stets Mischungen aus Wasser, Öl und Emulgator sind, besteht eine Salbe meist nur aus Fett, selten ist auch Wasser dabei. In vielen alten Rezepten wird reines Schweineschmalz (Vorsicht: wird in der Wärme schnell ranzig) als Grundlage benützt, aber auch reines Bienenwachs wird mit Erfolg eingesetzt.

Eine recht haltbare Salbengrundlage (bis zu einem Jahr bei Aufbewahrung im Kühlschrank) bringt das folgende Rezept:

Salbengrundlage

20 g Pflanzenöl (beispielsweise Sonnenblumen-, Erdnuß- oder Sojaöl), 4 g Kakaobutter oder Sheabutter, 4 g Bienenwachs sowie ein Tropfen Vitamin E. Diese Zutaten werden geschmolzen und gründlich verrührt. In diese Grundlage lassen sich beispielsweise problemlos ätherische Öle einrühren.

Salben gegen Erkältung (auch für Kinder)

Je eine Messerspitze Menthol und Kampfer ganz leicht erwärmen, dann jeweils 0,75 ml (etwa 20 Tropfen) Eukalyptusöl, Latschenkieferöl und Thymianöl untermischen (dabei vom Herd nehmen) und zuletzt 30 g Salbengrundlage untermengen. Diese Salbe wird auf die Brust aufgetragen, darüber kommt ein warmes Tuch. Sie ist auch für Erwachsene geeignet, jedoch empfiehlt es sich, die Dosis der ätherischen Öle zu verdoppeln.

Vorsicht: Die Inhaltsstoffe dieser Brustsalbe machen die Wirkung von homöopathischen Mitteln zunichte.

Eine Brustsalbe, die groß und klein bei Erkältung nützt, setzt sich aus jeweils 0,75 ml (20 Tropfen) Pfefferminzöl, Rosmarinöl und Anisöl sowie 10 Tropfen Thymianöl zusammen, die in 40 g Salbengrundlage verrührt werden.

Nasensalbe

Da das Gesicht für diese Salben tabu ist, aber bei Schnupfen und Erkältungskrankheiten die Nase „zu" und das Durchatmen erschwert ist, hier noch eine Nasensalbe. Sie darf aber bei Säuglingen und Kleinkindern nicht eingesetzt werden. Kamillen- und Pfefferminzöl sorgen schnell für frischen Durchzug, doch spricht jeder individuell auf diese Öle an, sodaß die Mengenangabe – jeweils 30 Tropfen der Öle auf 20 g Salbengrundlage – nur ein ungefährer Richtwert sein kann. Erst ein Test zeigt, ob die Konzentration verstärkt (mehr Öl) oder verdünnt (mehr Salbengrundlage) werden muß.

Gel nach Insektenstichen

Immer mehr Menschen fühlen sich unbehaglich, wenn sie sich mit industriell gefertigten Repellents (Stift, Milch, Creme etc.) vor

Insektenstichen schützen, oder auf Verdampfung beruhende Mittel im Zimmer nicht nur für Stechmücken dicke Luft bewirken. Wenn nur der Juckreiz nach dem Stich des Blutsaugers nicht wäre! Nun diesem Unbehagen ist mit Naturmitteln beizukommen, und zwar nicht nur mit fertig gemixten, sondern auch mit selbst hergestellten. Ein kleiner Tropfen pro Stich hilft bereits.

Zutaten: 25 ml Hamamelistinktur, ein Gelbildner, der in Wasser sofort zu quellen beginnt, und vorher mit den übrigen Zutaten knötchenfrei zu vermengen ist, 1 Messerspitze Menthol, $^{1}/_{2}$ Meßlöffel Kamillenextrakt, 15 Tropfen Tween 80 oder ein anderer Lösungsvermittler und 25 ml destilliertes Wasser. Erst die Tinktur, Menthol, Tween 80 und Kamillenextrakt mit dem Gelbildner gut vermischen, dann das destillierte Wasser zufügen.

Sirup

Ein Mittel, speziell gegen Husten, ist vor allem bei Kindern sehr beliebt: der Sirup. Auch Erwachsene, die sich mit dem Teetrinken nicht so recht anfreunden können, weichen gerne auf Sirup aus. Viele der Extrakte aus Thymian, Spitzwegerich, Eibisch, Isländisch Moos, Süßholz, Salbei, Pfefferminz, Anis, Fenchel oder Orangenschalen schmecken ja im Sirup wesentlich besser als die jeweiligen Tees. Mit oder ohne Zucker – auch beim Sirup scheiden sich da die Geister. Hier für beide Varianten ein Grundrezept.

Zuckersirup

64 g Zucker werden mit 36 g Wasser unter leichtem Rühren aufgekocht. Siedet das Zuckerwasser, so wird es von der Flamme genommen. Hat die Flüssigkeit etwa 80 Grad C erreicht, so ist der jeweilige Kräuterextrakt, etwa 4 g, beizufügen.

Zuckerfreier Sirup

Natürlich muß auch dieser süß schmecken. Man verwendet dazu Zuckeraustauschstoffe, beispielsweise Xylit und Sorbit. Da Xylit sehr leicht kristallisiert, Sorbit hingegen nicht, ist es sinnvoll, die beiden zu kombinieren, zumal Xylit doppelt so süß wie Sorbit ist: Jeweils 35 g der beiden Zuckeraustauschstoffe werden mit 30 g Wasser erhitzt, bis alles geschmolzen ist. Auch hier die Kräuterextrakte in die etwas abgekühlte Flüssigkeit mischen.

Soll der Sirup, der, in gut verschließbaren Glasflaschen abgefüllt, recht lange haltbar ist, gegen Husten helfen, so wären als Hustenmittel beispielsweise 3 g Thymian und 1 g Fenchelextrakt angezeigt. Auch andere Mischungen mit hustenwirksamen Kräuterextrakten sind möglich, außerdem kann man den Wohlgeschmack mit einem Extrakt aus Süßholz, Anis, Salbei oder Früchten steigern.

Ein anderer wirksamer Hustensirup wird mit Eibisch in einer etwas mühsamen Form bereitet: Etwa eine Stunde lang sind zwei grob zerschnittene Eibischwurzeln, die auf einem Filter liegen, immer von neuem mit derselben Mischung aus 1 g Weingeist und 45 g Wasser zu übergießen. Schließlich versetzt man 37 g dieser Flüssigkeit mit 63 g Zucker und kocht sie – nachdem der Zucker aufgelöst ist – einmal auf.

Daß Zwiebel als Heilmittel bei Erkältungskrankheiten und Husten (auch Keuchhusten) wirkt, ist eine sehr alte Überlieferung. Für den Sirup wird eine ganze Zwiebel fein zerhackt und mit 3 Eßlöffeln Zucker vermischt. Das Ganze wird mit $1/8$ l Wasser „geköchelt" (einige Minuten lang gerade eben am sanften Kochen gehalten). Nach einigen Stunden Stehzeit den Ansatz auspressen.

Ein Sirup zur Beruhigung entsteht mit Melisse, Hopfen und Baldrian. Manche Behandlungen können durch die Einnahme von Sirup begleitet werden. Bei Rheuma und Gicht etwa hat Wacholderbeersirup unterstützende Wirkung: 150 g Wacholderbeeren müssen in einem Liter Wasser weich gekocht, abgeseiht, zerdrückt und nochmals mit derselben Flüssigkeit aufgekocht werden. Dann sind sie durch ein Sieb zu passieren und mit so viel Honig anzurühren, bis ein dicker Sirup entstanden ist.

Kräuterbitter – Kräutergeister

Bereits im dritten Jahrtausend vor Christus wurde Wein als Lösungsmittel für Kräuter verwendet, wie alten Keilschrift-Texten zu entnehmen ist. Diese Methode wurde im Laufe der Jahrhunderte abgewandelt und verfeinert, wobei vor allem die Mönche in den Klöstern wahre Meister waren. Zum Beispiel wurde Wein durch Weingeist (Äthylalkohol) ersetzt, was eine schier unbegrenzte Haltbarkeit mit sich brachte. Außerdem: Mit Wasser lassen sich die Stoffgemische aus den Pflanzen nur zu wenigen Prozent herauslesen, in organischen Lösungsmitteln wie Äthylalkohol in viel größerem Maße. Die Spaltung der Wirkstoffe läßt sich nur mit Hochprozentigem verhindern – die bekömmliche Verdünnung – bis zu einem Alkoholgehalt von 26 Vol.Prozent – soll also erst kurz vor der Einnahme erfolgen.

Ein bekanntes Zentrum klösterlicher Kräuterkunst ist das Benediktinerkloster Schweiklberg bei Vilshofen (Deutschland). Im Missionskloster hatten die Mönche „Auslandserfahrung" und so fanden auch exotische Ingredienzen Eingang in ihre Arzneimittel. Der „Schweiklberger Geist", eine relativ „kräftige" Spezialität (77 % Alkohol!) mit Melisse, aber auch Ginseng, Wacholder, Enzian, Zimt und Zitrone, wurde zum beliebten, heute noch verwendeten Hausmittel. Ein kaum minder starkes Mittel (75 % Alkohol) wird in einem Regensburger Kloster hergestellt, ebenfalls ist Melisse die „Leitdroge", aber zwölf andere Heilpflanzen und Gewürze unterstützen sie. Kräutergeister, Magenbitter und Klosterliköre werden vorwiegend bei Appetitlosigkeit, nervösem Magen und Darm sowie bei schlechter Verdauung eingesetzt.

Melissengeist

Der Siegeszug der Melisse begann in der Zeit nach der Reformation. 1826 erfand eine 51-jährige Klosterfrau in Köln schließlich das „aechte" Melissenwasser, welches es noch heute gibt. Ihm sind ebenfalls zwölf andere Arzneidrogen (Alant, Engelwurz, Ingwer, Nelkenöl, Galgant, Pfeffer, Pomeranzenschalen, Muskat, Enzian, Zimt, Kassiablüten und Kardamom) beigemischt, wobei das Verfahren an sich heute noch geheim ist.

Melissengeist hilft bei vielen nervös bedingten Störungen wie Kopfschmerzen, Magen- und Darmbeschwerden, Einschlafstörungen, Herzbeschwerden, Wetterfühligkeit und Beschwerden in den Wechseljahren. Ferner ist er ein gutes Vorbeugungs- und Unterstützungsmittel bei Erkältung und grippalem Infekt.

Melissengeist gilt außerdem als bewährtes Hausmittel zur äußeren Anwendung bei Muskelkater, Hexenschuß und Erschöpfung.

Dosierung: Zum Einnehmen sind ein bis zwei Teelöffel Melissengeist mit jeweils der doppelten Menge Wasser zu verdünnen, für Einreibungen kann er pur genommen werden.

Wirkung: Neben der Beruhigung des vegetativen Systems hat Melissengeist eine entkrampfende Wirkung auf die glatte Muskulatur. Er kann daher zu Therapien im Bereich der glatten Muskulatur sowohl der Verdauungsorgane als auch der Atemwege eingesetzt werden. Darüber hinaus wirken die ätherischen Öle des Melissengeistes in ihrer Gesamtheit gegen eine Vielzahl von Bakterienstämmen, vor allem im Bereich der Bronchien. Neuerdings wurde auch eine wachstumshemmende Wirkung auf Viren nachgewiesen.

Bei äußerlicher Verwendung wirkt Melissengeist auf die empfindlichen Nervenenden in der Haut – und damit über sogenannte „Reflexbögen" auch auf tiefer liegende Organe und Muskelbereiche. Auf diese Weise hilft Melissengeist auch bei Ischias und Hexenschuß.

Melissengeist, auf Stirn und Schläfen gerieben, wirkt beruhigend und gegen Kopfschmerzen.

Enzianschnaps

Ein weiterer „Geist" mit langer Geschichte ist der in weiten Teilen Europas beliebte Enzianschnaps, der aus einer unter Naturschutz stehenden Pflanze gewonnen wird: dem gelben oder purpurnen Enzian. Diese Pflanze, die erst im zehnten Lebensjahr zu blühen anfängt, kann 60 bis 70 Jahre alt werden – so sie der Mensch läßt. Schließlich braucht der Schnapsbrenner 1.000 kg Enzianwurzeln, um 100 Liter Edel-Enzian zu gewinnen. Seit Jahrhunderten wird die Pflanze daher durch besondere Rechtsverordnungen geschützt. So durften Bauern, die das Recht hatten, Enzianwurzeln zu graben, dies nur alle achtzehn Jahre tun.

Dosierung: In Österreich, Bayern, der Schweiz, Frankreich und Italien ist Enzianschnaps Genußmittel und Medizin zugleich. Als „Medizin" wird ein Schnapsglas voll eingenommen.

Wirkung: Im Enzian ist der bitterste bekannte Stoff der Welt, das Amarogentin, das selbst mit einer Verdünnung von 1 : 58,000.000 nicht unterzukriegen ist. Schon wenn dieser Bitterstoff mit der Zunge in Berührung kommt, reagiert reflexartig alles, was für die Verdauung zuständig ist: Speicheldrüsen, Magen, Leber und Galle sowie die Bauchspeicheldrüse.

Wacholderbranntwein

Die Grenze zwischen Genußmittel und Heildroge ist auch beim Wacholderbranntwein fließend. Die Früchte des Wacholderbaumes werden schon seit Jahrtausenden für medizinische Zwecke eingesetzt. Alles, was Rang und Namen hat, von Hippokrates über Dioskurides bis zu Hildegard von Bingen, setzte Wacholder für Heilzwecke ein.

Wacholderbranntwein ist etwa seit dem 12., 13. Jahrhundert bekannt. Im 15. Jahrhundert war man in Thüringen überzeugt, damit sogar der Pest trotzen zu können.

Dosierung: So wie beim Enzian ein „Stamperl" voll – für Schwangere verboten!

Wirkung: Auch Wacholderbranntwein regt die Verdauung an.

Achtung: Empfindliche können Magenschmerzen bekommen, Überdosierungen und dauernder Genuß können zu Nierenreizungen und damit verbundenen Schmerzen führen.

Franzbranntwein

Er heißt zwar Brannt„wein", ist aber nicht für den innerlichen Gebrauch gedacht. Einreibungen mit Franzbranntwein werden seit Generationen bei Muskelkater und Gliederschmerzen geschätzt, auch schmerzende Füße sind dankbar für eine Behandlung damit. Franzbranntwein belebt und durchblutet die Haut, er erfrischt. Auch zur Vorbeugung gegen Wundliegen sind Abreibungen damit hilfreich, doch muß man aufpassen, denn bei längerer Anwendung trocknet er die Haut aus und verursacht dadurch selbst Hautreizungen.

Franzbranntwein wird ebenfalls fertig in Apotheken und Drogerien angeboten, aber er ist auch selbst herzustellen: 50 ml Weingeist, bis zu 1 g Menthol, fein zerstoßen, 50 Tropfen Rosmarinöl,

50 Tropfen Latschenkieferöl, 20 Tropfen Salbeiöl, Lösungsvermittler, 40 ml destilliertes Wasser sind dazu nötig.

Der Lösungsvermittler und die ätherischen Öle werden gut vermischt, dann Menthol und Weingeist dazugeben, zuletzt das Wasser unterrühren.

Schwedenbitter

In Urgroßmutters Hausapotheke nahm dieses Elixier eine Vorrangstellung ein. Schwedenbitter war sozusagen der „Hausarzt". Er wurde nach allzu üppigen, fetten Menüs ebenso konsultiert wie bei Kopf- und Zahnschmerzen, bei Wunden, Gicht, Verstopfung und entzündeten Augen, um nur einige der Notfälle zu nennen, für deren Behebung diese Kräutermischung zuständig war. Dem Schwedenbitter werden mindestens zwei Ahnherren zugeordnet, gemeinsame Nenner sind Beruf und Heimat: Sie waren schwedische Ärzte. Dr. Urban Hjärne (1641 – 1724), aber auch seine Kollegen Dr. Samst und Dr. Sernest sollen – unterschiedlichen Quellenangaben zufolge – „Väter" des Schwedenbitters sein.

Wer auch immer der „Erfinder" dieses Elixiers war, er hatte umfassende Kenntnisse der Kräuterheilkunde. Und so ist es nicht verwunderlich, daß der Schwedenbitter eine Renaissance erlebt und heute wieder ungemein gefragt ist.

Im Laufe der Jahrhunderte hat sich die Rezeptur des Schwedenbitters trotz Überlieferung von Generation zu Generation natürlich gewandelt, es gibt mittlerweile unterschiedliche Mischungen. Sie bestehen aus sorgfältig ausgewählten getrockneten Heilkräutern, Wurzeln und Harzen von aromatisch-bitterem Geschmack. Einige Zutaten finden sich in den meisten Variationen: Aloe (enthält stark abführende Anthrachinonglykoside), Angelikawurzel (Engelwurz), Theriak (ein Gemisch verschiedener „Aromatica-Amara"), Safran, Zitwerwurzel, ein Kurkuma (Gelbwurzel)

Gewächs aus Vorderindien, und Myrrhe. Dazu gesellen sich oft noch grob gepulverter Lärchenschwamm, Sennesblätter (enthält ebenfalls abführende Anthrachinonglykoside), Eberwurz (Silberdistel), Enzian-, Galgant- und Rhabarberwurzel (enthält abführende Anthrachinonglykoside) – eine Rezeptur für den „Großen Schwedenbitter" umfaßt 21 Ingredienzen! Für den „Kleinen" reichen aber neun oder zehn Zutaten, um auch einen guten Schwedenbitter zu fabrizieren.

Die Bestandteile werden zerkleinert und in einer Flasche mit Kornschnaps (mindestens 40 Prozent) oder einem anderen gebrannten Obstschnaps übergossen. Diese Mischung wird 10 bis 14 Tage an einen warmen Ort gestellt und mehrmals am Tag durchgeschüttelt. Schließlich wird die klare Essenz vorsichtig in eine andere Flasche gefüllt und der verbleibende Sud nochmals mit Kornschnaps angesetzt.

Nach zehn Tagen gleicher Behandlung wie Teil eins wird abermals abgegossen und diesmal auch der Sud gefiltert. Dann die Abgüsse zusammenmischen und in kleinere Flaschen abfüllen.

Schwedenbitter wirkt in erster Linie auf die Verdauungsorgane. Die Kräuterzusammensetzungen bieten eine ausgewogene Mischung von blähungstreibenden, appetit- und verdauungsfördernden sowie galletreibenden Wirkstoffen, sodaß Schwedenbitter alle an der Verdauung beteiligten Organe anregt. Eine wahre Wohltat ist Schwedenbitter nach fettem, „schwerem" Essen: Einen Löffel als Nachspeise, und die Fettverdauung wird leichter.

Trotz dieser angenehmen Wirkung sollte Schwedenbitter nicht zum ständigen Krückstock für Ernährungssünden verwendet werden. Einerseits schadet „Völlerei" am laufenden Band auch trotz Schwedenbitter auf die Dauer, andererseits ist so mancher Schwedenbitter selbst als „Dauermedikament" nicht anzuraten: Ein relativ hoher Anteil an Aloe bewirkt Abführen – oft wird dieser Effekt durch Rhabarberwurzeln und Senna verstärkt. Dauernd eingenommene Abführmittel – auch wenn sie natürlichen Ursprungs sind – schaden! Fragen Sie deshalb nach einer Rezeptur ohne diese Kräuter!

Manche Menschen übrigens mildern den doch recht starken Alkoholgehalt ihres Schwedenbitters und nehmen ihn mit Tee verdünnt. Jeder Kräutertee ist dafür geeignet.

Umstritten ist die Wirkung des Schwedenbitters bei verschiedenen anderen Anwendungsgebieten. Schwedenbitter-Fans verwenden ihr Elixier beispielsweise als Erste Hilfe bei Zahnschmerzen: Sie legen einen mit Essenz getränkten Wattebausch zum Zahn. Wird Schwedenbitter für Umschläge eingesetzt, so ist die Haut mit einer guten Fettcreme gegen Reizungen durch Alkohol zu schützen. Der Umschlag sollte – gut abgedichtet – je nach Erkrankung zwei bis vier Stunden einwirken. Anschließend die Haut mit einem Hautpuder beruhigen.

Kapseln

Es gibt etliche wertvolle Naturstoffe, die zwar hervorragend wirken, aber einfach nicht zu schlucken sind, weil Säure, Bitterstoffe, Schärfe usw. in der nötigen Konzentration dem menschlichen Gaumen unzumutbar sind. Erfindungsreich, wie Menschen nun einmal sind, wurde die Kapsel entwickelt, ein „Gefäß", das vielerlei Vorteile bietet:

Auch empfindliche und technologisch problematische Arzneistoffe können schonend und rationell verarbeitet werden, eine hohe Wirkstoffkonzentration ist möglich, auch können sonst aus beispielsweise geschmacklichen Gründen nicht mischbare Stoffe gemixt werden. Die Wirkstoffe sind vor Licht, Luft und Feuchtigkeit geschätzt und gut lagerfähig. Exakte Dosierung: Kapsel für Kapsel hat gleich viel Inhalt. Es gibt keine Geruchs- und Geschmacksbelästigung beim Einnehmen.

Die meisten Kapseln bestehen aus Gelatine, Stärke (Weizen-, Mais- oder Kartoffelstärke) wird kaum mehr eingesetzt, da sie zu feuchtigkeitsempfindlich ist. Die Kapseln aus Weich- oder Hartgelatine sind so zusammengesetzt, daß sie sich dort auflösen, wo die im Inneren befindlichen Wirkstoffe benötigt werden, also im Mund, im Magen, im Dünn- und Dickdarm. Auch Vaginal- und Rektalkapseln wurden entwickelt.

Der Erfinder dieser meist leicht zu schluckenden, wenn auch oft übergroßen „Pillen" ist vermutlich ein Engländer, der 1848 eine derartige Entwicklung schützen ließ. Was früher in mühseliger Handarbeit hergestellt und gefüllt werden mußte – „eine geschickte Arbeiterin füllt von diesen Kapseln im Tage höchstens 600

Stück" heißt es in einer alten Anleitung – wird heutzutage meist von der Industrie mit höchster Präzision erledigt.

Die Technik ermöglicht auch, daß nahezu alle pflanzlichen und mineralischen Inhaltsstoffe in höchster Qualität „verkapselt" werden können. Dies erlaubt beispielsweise auch unter Zeitmangel leidenden Menschen, denen Teezubereitungen und anderes zu aufwendig sind, Kuren und ähnliches mit Pflanzenstoffen und verschiedenen Drogen durchzuführen.

Die Auswahl ist riesengroß. Nicht nur Knoblauch, Lebertran und andere wenig schmackhafte „Gesundheiten" sind verkapselt – es läßt sich beinahe für jede Unpäßlichkeit die passende Kapsel, manchmal auch eine besonders wirksame Kapselkombination, finden.

So wirken beispielsweise Kapseln mit Blütenpollen und Kapseln mit Hopfen, 40 Tage lang eingenommen, auf natürlichem Weg beruhigend (auch für Schulkinder) und vermindern Schlafprobleme.

Eine Kur mit Bierhefe, Artischocken und Propolis in Kapseln verhilft zu schönerer Haut. 20 Tage lang Kreuzdorn-, Papaya- und Matekapseln einnehmen, und dem Appetit werden Zügel angelegt, Entschlackung tritt ein. Auch eine 20-Tage-Kur mit Brennnesselkapseln, Artischocken- und Kreuzdornkapseln reinigt den Körper. Daß bei diesen Kuren besonders viel Flüssigkeit aufgenommen werden muß, versteht sich von selbst.

Kürbiskernkapseln (gut für die Bereiche Prostata, Blase, Inkontinenz) gibt es ebenso wie Kapseln mit dem kostbaren Energiespender Gelee royale (Haut und Durchblutung) oder der exotischen Wurzel Ginseng.

Oft sind bereits in einer Kapsel Kombinationen harmonisch aufeinander abgestimmter Wirkstoffe wie Knoblauch, Mistel und Weißdorn (zur Verbesserung der Leistungskraft und Abwehr vorzeitiger Alterserscheinungen), es gibt nahezu jeden Mineralstoff in Kapselform, viele Vitamine, Spurenelemente – es ist einfach unmöglich, für ein spezielles Befindlichkeitsproblem keine passende Kapsel zu finden!

Herz und Kreislauf, Verdauung in allen Bereichen, Nerven, Schönheit, Abwehr und Immunstärkung, alles kann auch mit „Kapselkraft" unterstützt werden.

Kräuterkosmetik

Ein Garten mit den bekanntesten Blüten-, Heil- und Gewürzpflanzen ist nicht nur Gesundbrunnen, sondern auch Kosmetikindustrie. Fenchel, Salbei, Frauenmantel, Borretsch, Petersilie,
Pfefferminze, Schafgarbe, Lindenblüte, Zitronenmelisse, Holunderblüte, Ringelblume, Liebstöckl, sie alle bringen, im Verbund mit
Vorräten aus der Küche (Ei, Joghurt, Topfen, Honig, Essig, Öl usw.)
Wohlbefinden sowie Regeneration für die Haut und damit Schönheit.

Kräuterkosmetik kann man gezielt bei Problemen wie fettiger,
trockener, müder oder gereizter Haut einsetzen, bei Augenringen,
Haarsorgen und vielem mehr. Der Nachteil von Kräuterkosmetik
– sie ist nicht so haltbar wie Produkte der Kosmetikindustrie – wird
zum Vorteil: Sie muß immer frisch sein.

Gesichtsmasken bringen auch in der Kräuterkosmetik den augen-
scheinlichsten Effekt. Bei normaler Haut regen beispielsweise
Masken mit Frauenmantel, Pfefferminze oder Wacholder an, Fenchel baut auf. Trockene Haut spricht unter anderem auf Ringelblumen oder Borretsch positiv an, wobei etwas Mandelöl vor
dem Auftragen der Masken auf dem Gesicht verteilt werden sollte. Fette Haut dankt unter anderem für Masken mit Kamillenblüten, Schafgarbe, Salbei und Petersilie, die adstringierend wirken.

Daß die gründliche Reinigung der Haut das Um und Auf in der
Kosmetik ist, muß wohl nicht extra betont werden. Die gründ-
lichste Reinigung – allerdings bei trockener Haut problematisch
– ist das Gesichtsdampfbad, wofür sich selbstverständlich Kräuter

(Kamille, Ringelblume, Schafgarbe, Lindenblüten, Fenchel, Frauenmantel, Nessel, Pfefferminze, Salbei) anbieten.

Reinigungscremes, -öle und -lotionen, Gesichtswasser, Augenpackungen, Hand- und Fußpflege, Haarshampoos – für alles gibt es die passende, hilfreiche Pflanze.

Badeöle

Das Badezimmer, einst lieblos „Naßzelle" genannt, ist bei den meisten schon längst zur Entspannungs- und Gesundheitsoase geworden. Das tägliche Reinigungsbad wird – je nach Bedarf – zum Schönheits- oder Gesundheitsbad veredelt. Schließlich ist die Haut bei einem warmen Bad besonders aufnahmefähig, sodaß Wirkstoffe leicht eindringen können. Als Badezusätze eignen sich sowohl diverse Kräuter und Auszüge bzw. Abkochungen davon, als auch daraus gewonnene (gekaufte) ätherische Öle. Es ist eine Frage der persönlichen Vorliebe (und Zeit), welche Form bevorzugt wird.

Eine Methode, das Badewasser mit dem Wirkstoff von Kräutern anzureichern, ist, die Kräuter in kleine Baumwollsäckchen zu füllen und diese unter das einlaufende Badewasser zu hängen. Bei Pfefferminze (erfrischendes Sommerbad) oder Kamille (beruhigend und reinigend) tun es auch fertige Teesäckchen. Kleie- oder Haferflocken (ebenfalls in Säckchen) sorgen übrigens für weiches Wasser. Eine andere Methode ist, einen konzentrierten Aufguß aus Kräutern – etwa ein Liter ist notwendig – für das Badewasser vorzubereiten. Mit selbst hergestellten Kräuterbadeölen (beispielsweise 3 Teile Glycerin und 1 Teil bevorzugtes Kräuteröl) kann man sich auch dünn einreiben, bevor man in die Wanne steigt, und schon hat man sein spezielles Kräuterölbad. Holunder im Badewasser macht die Haut zart, Baldrian beruhigt nicht nur die Nerven, sondern nährt auch die Haut.

Badeessenzen mit ätherischen Ölen kann man ebenso gezielt zur gesundheitlichen Unterstützung heranziehen wie auch Badeöle, die zusätzlich hautpflegende und rückfettende Bestandteile aufweisen.

Bei der Zubereitung von Badezusätzen mit ätherischen Ölen muß ein Lösungsvermittler verwendet werden, da sonst das Öl – wie Fettaugen auf der Suppe – lediglich auf der Oberfläche des Badewassers schwimmen würde. Als Lösungsvermittler (Emulgator) gibt es fertige Substanzen zu kaufen, aber auch Honig, Sahne oder Milch, Flüssigseife und Meersalz erfüllen diesen Zweck.

Ein **Entspannungsbad** ist beispielsweise ganz einfach mit 10 ml Lavendelöl und mit einem Emulgator zu mixen. **Anregung** vermittelt die gleiche Menge Rosmarinöl, allenfalls mit etwas Kampfer ergänzt.

Bei **Erkältungen** bringt eine Essenz mit jeweils 5 ml Pfefferminz-, Eukalyptus-, Latschenkiefer- und Rosmarinöl Erleichterung, **Husten** bekämpft man mit 10 ml Thymianöl im Badewasser (für Kinder niedriger dosieren).

Linderung bei **Rheuma** bringt eine Mischung aus jeweils 5 ml Wacholderbeer-, Rosmarin- und Salbeiöl mit 10 ml Fichtennadelöl.

Ein **entschlackendes Bad** kann sich beispielsweise aus zwei Tropfen Douglasie-Öl, 4 Tropfen Geranien-, 2 Tropfen Wacholder-, 2 Tropfen Wiesenkönigin- und 3 Tropfen Zitronenöl zusammensetzen. 85 ml Pflanzenöl und jeweils 2,5 ml Pfefferminz-, Eukalyptus-, Latschenkiefer-, Thymian- und Rosmarinöl ergeben Badeöl für zwei bis vier Vollbäder, die auch hautpflegend wirken.

Wer sich so richtig mit **Düften** verwöhnen möchte, mixt zu den 85 ml Pflanzenöl einen ganzen Strauß von Duftölen: jeweils 1 ml Anis-, Latschenkiefer-, Rosmarin und Nelkenöl sowie jeweils 2 ml Geranium-, Bergamotte-, Orangenblüten- und Rosenöl.

Über die Art der Beimengung zum Badewasser gehen die Ansichten auseinander. Während die einen meinen, daß rückfettende und heilende Badeöle in den einlaufenden Wasserstrahl gegossen werden sollen, meinen andere, ätherische Ölmischungen gehören erst in die volle Wanne.

Beim **Duschen** entfällt diese Entscheidung. Für die Zubereitung von Duschgels gilt folgende „Faustregel": Zu 200 ml Flüssigseife passen etwa 25 bis 40 Tropfen ätherisches Öl. Zur **Erfrischung** empfiehlt sich eine Mischung aus 12 Tropfen Eisenkrautöl, 8 Tropfen Orangenöl, 8 Tropfen Sandelholzöl und 4 Tropfen Zedernöl. 4 Tropfen Sandelholzöl gehören auch zum **Parfum-Dusch-Gel.** Dazu gesellen sich 4 Tropfen Rosenholzöl, 5 Tropfen Rosenöl, 2 Tropfen Myrtenöl, 3 Tropfen Melissenöl, 6 Tropfen Grapefruitöl und 6 Tropfen Eisenkrautöl.

Das Duschgel für den **Mann** besteht aus einer Mischung aus Bergamotte-Öl (4 Tropfen), Rose (2 Tropfen), Rosen- und Sandelholz (jeweils 4 Tropfen) sowie Ysop und Rosmarin (jeweils 8 Tropfen).

Extrem **fette Haut** reagiert günstig auf eine Einreibung mit angefeuchteten feingehackten Rosmarinblättern und Haferflocken (in einem Beutel).

Die wichtigsten Heilpflanzen

ABKÜRZUNGEN

Anwendungsgebiete

E	=	Erkältungskrankheiten
EWG	=	Entzündungen, Wunden, Geschwüre
Ge	=	Gelenke, Rheuma, Gicht
HKB	=	Herz, Kreislauf, Blutdruck
N	=	Nerven
LG	=	Leber, Galle
NB	=	Nieren, Blase
MD	=	Magen, Darm
Sie	=	Weibl. Unterleibsbereich
Er	=	Männl. Unterleibsbereich

Pflanzenteile, die Wirkstoffe enthalten

P	=	Verwendete Pflanzenteile
K	=	Kraut (gesamte oberirdische Pflanze)
W	=	Wurzel (unterirdische Pflanze)
S	=	Früchte oder Samen
B	=	Blätter
F	=	Blüten
R	=	Rinde
N	=	Nadeln
Kn	=	Knospen

V = Verträglichkeit

1	=	Auch in großen Mengen und bei Dauergebrauch relativ unschädlich.
2	=	Überdosierung und/oder Dauergebrauch können zu Schädigungen führen.
3	=	Überdosierung und Dauergebrauch führen zu schweren Schädigungen.
?	=	Die Pflanze ist wissenschaftlich noch nicht genügend untersucht.
X	=	medizinisch und/oder volksmedizinisch verwendet.

Ziffer(n) neben Pflanzennamen = Seite(n) mit der Beschreibung der Heilpflanze

	E	EWG	Ge	HKB	N	LG	NB	MD	Sie	Er	P	V	
Ackerschachtelhalm, Zinnkraut 121		X									K	2	blutstillend
Ackerwinde								X			W	1 ?	Wurzelextrakt: blutgerinnungsfördernd
Aloe			X			X		X			B	2	verwendet wird der eingedickte Saft der Blätter, stark abführend, nierenreizend
Ammei	X			X							S	2	krampflösend
Anis 38		X		X			X	X			S	2	blähungswidrig, Husten
Arnika 76		X	X	X	X			X	X		F	3	entzündungshemmend
Artischocke 49						X		X			B, W	1	blutzuckersenkend; bei Arteriosklerose und Hautkrankheiten
Augentrost 101											K	2 — 3	Augenerkrankungen
Bärentraube 53							X				B	2 — 3	hoher Gerbstoffgehalt, Vorsicht bei empfindlichem Magen
Bärlauch	X	X				X		X	X		K	1	blutreinigend
Baldrian 43				X	X			X			W	2	beruhigend, krampflösend
Basilienkraut								X			K	2	milchtreibend
Berberitze, Sauerdorn						X	X	X			W, R	3	leber- und gallewirksam
Bibernelle	X		X					X			W, S	2	Erkrankungen der Atemwege
Birke 90, 120			X				X	X			B	1 ?	Hauterkrankungen; blutreinigend
Bitterklee, Fieberklee			X	X		X		X			B	2	fiebersenkend
Blutwurz 25		X			X			X			W	2	blutstillend; entzündungshemmend (Mundhöhle und Rachen)
Bockshornklee	X	X									S	1 ?	blutzuckersenkend; bei Erschöpfungszuständen
Boldo		X	X				X	X			B	2	soll beruhigend und schlaffördernd wirken (volksmed.)
Brennessel 87, 94, 119		X					X	X			K	1	blutungsstillend, blutbildend und -reinigend
Brombeere							X	X	X		S, B	1	Schmuckdroge
Bruchkraut 54	X										K	2	blasenwirksam
Brunnenkresse		X									K	1	chron. Hauterkrankungen; Erkrankungen der Mundschleimhäute
Buchweizen			X	X		X					S	2	Hauterkrankungen; venenwirksam
Dill						X					S	2	verdauungsfördernd
Eberraute								X			K	2	Anämie, Appetitlosigkeit

	E	EWG	Ge	HKB	N	LG	NB	MD	Sie	Er	P	V	
Ehrenpreis	X						X				K	2	Hauterkrankungen; auswurffördernd
Eibisch 62	X										K	1	schützt die Schleimhäute
Eisenkraut			X		X	X	X	X	X		K	2	Mund- und Rachenraum; blutbildend
Engelsüß	X										W	2 ?	Schutzmittel für Schleimhäute; auswurffördernd
Enzian, (Gelber) 34, 155				X	X	X		X			W	1 – 2	blutbildend, tonisierend
Eukalyptus	X		X								B	1 – 2	meist wird das ätherische Öl verwendet, Inhalation, Salbe
Faulbaum 20								X			R	2 – 3	unreife Beeren und frische Rinde giftig, altes Abortusmittel
Feige								X			S	1	leichtes Abführmittel
Fenchel 39	X		X		X			X			S	1	Augenerkrankungen, blähungswidrig
Fichte							X	X			N	3	auswurffördernd
Flohsamen								X			S	1 ?	Quellmittel, abführend
Frauenmantel 102	X	X							X		K	1 ?	volksmedizinisch vielseitig verwendet: Monats- und Wechseljahrbeschwerden
Gänseblümchen	X	X									K	1 ?	stoffwechselanregend
Gänsefingerkraut								X	X		K	1	krampflösend, möglicherweise herzwirksam
Geißraute, Geißklee				X				X			K	2 – 3	leicht blut- und harnzuckersenkend, Milchsekretionssteigerung
Gingko				X							B	1 – 2	meist wird die alkoholische Tinktur gebraucht
Ginseng											W	1 ?	Stärkungs- und Stimulierungsmittel, steigert körperliche und geistige Leistungsfähigkeit
Goldrute		X	X			X	X	X		X	K	1 ?	chronische Hauterkrankungen (Ekzeme)
Hafer 82		X			X			X			K, S	1	beruhigend
Hauhechel							X				W, K	1	blasenwirksam
Heidekraut			X				X	X			K	1	vor allem volksmedizinisch: entschlackend
Heidel-, Blaubeere 25, 107	X	X		X			X	X			B, F	2	Blätter bei Dauergebrauch giftig
Herzgespann				X	X			X	X		K	2	»kleine« Herztherapie
Hibiskus								X			F	1	als »Malventee« in Teebeuteln
Himbeere	X								X		S, B	1	Schmuckdroge
Hirtentäschel				X				X	X		K	2	blutungsstillend, Wirkung nicht gesichert

	E	EWG	Ge	HKB	N	LG	NB	MD	Sie	Er	P	V	
Holunder 61, 94	X										F, W, S, R, B	1	Schnupfenmittel (homöopathisch), Vorbeugung gegen Erkältungskrankheiten, schweißtreibend
Hopfen 80		X			X						S	2	beruhigend
Immergrün		X							X		K	3	nicht während der Schwangerschaft
Indischer Blasen-/Nierentee							X			X	B	1 – 2	blasenwirksam
Isländisch Moos 60	X							X			K	1 – 2	Husten
Johanniskraut 44		X	X	X	X	X		X			K	2 – 3	Achtung vor intensiver Lichtbestrahlung (Hautreaktionen)
Kalmus			X			X		X			W	2	chronische Verdauungsstörungen
Kamille 28	X	X			X			X	X		F	1 (2)	krampflösend (bei Koliken)
Kamille, römische	X				X			X			K	2	ähnlich Echter Kamille, krampflösende Wirkung
Kirsche, Weichsel							X	X			S	1	Fruchtstieltee, harntreibend und gegen Durchfall
Knoblauch	X	X		X		X		X	X		W	1 – 2	Berührungsallergien, reines ätherisches Öl wirkt hämolytisch
Kondurango								X			R	1 – 2	Magen-/Bittermittel
Königskerze			X		X				X		K	1	chronische Bronchitis, Asthma; auswurffördernd
Koriander								X			S	2	Bestandteil des »Karmelitergeistes« (Einreibung bei Rheuma und Gelenkleiden)
Kornblume								X			F	1 ?	Schmuckdroge
Kümmel 38			X			X		X			S	2	krampflösend (bei Koliken)
Kürbiskerne										X	S	2	für die Prostata
Labkraut		X				X		X			K	1 ?	Krebsmittel (Frischsaft); in der Medizin fast nicht verwendet
Lavendel 82					X						K	1	beruhigend (Herz, Nerven, Migräne usw.)
Liebstöckel								X	X		W, K	2	Wurzeln nierenreizend
Linde 61	X		X						X		F	2	schweißtreibend
Löffelkraut							X	X			K	1 ?	blutreinigend; Erkrankungen der Mundschleimhäute
Löwenzahn 88, 94			X			X		X			B, W	2 – 3	Milchsaft giftig; entwässernd
Lorbeer			X					X			B	2	Hautkrankheiten
Lungenkraut	X							X			K	2 ?	Erkrankungen der Atemwege, chronischer Husten
Mädesüß, großes	X	X					X	X			K	2	schweißtreibend

	E	EWG	Ge	HKB	N	LG	NB	MD	Sie	Er	P	V	
Mäuseklee		X						X			K	1	Entzündungen im Mund- und Rachenraum
Majoran 106		X	X			X		X			K	1 ?	entspannend auf Verdauungs- und Unterleibsorgane
Majoran, wilder					X			X	X	X	K	2	Krampfhusten, Gurgelmittel
Malve, Käsepappel	X	X						X			B, K	1	schützt die Schleimhaut
Mariendistel 48					X	X					S	2 ?	leberwirksam
Meerrettich, Kren	X		X					X			W	1	Hautreizmittel
Mistel 75			X		X						K	3	bösartige Tumoren; blutdruckregulierend
Odermennig	X		X					X			K	1 – 2	volksmedizinisch verwendet: gallenwirksam
Pappel			X				X			X	Kn	1	Verbrennungen; Hämorrhoiden
Paprika			X					X			S	3	Hautreizmittel, äußerlich
Passionsblume					X						K	1	beruhigend
Pfefferminze 29	X		X			X		X			B	2	Kopfschmerzen; Mund- und Rachenraum
Pfingstrose											W	3	Schmuckdroge
Preiselbeere							X				B	2	Ersatz für Bärentraube
Quecke		X	X				X				W	1	blutreinigend; hautreinigend
Ringelblume 70		X					X	X	X		F	1 ?	ausgezeichnetes Wundheilmittel
Rosmarin 75		X		X	X		X		X		K	2	Tee in größeren Mengen und reines ätherisches Öl gefährlich
Roßkastanie 77				X							S	2	durchblutungsfördernd, venenwirksam
Rote Rübe											W	1	Zusatzbehandlung bei Krebs und Bestrahlungen
Sägepalme										X	S	1	für die Prostata
Salbei 100	X	X		X	X			X	X		B	2 – 3	schweißhemmend, Gurgelmittel bei Entzündungen, Vorsicht: große Mengen innerlich genommen sind gefährlich
Schafgarbe	X	X	X	X		X	X	X	X		K	2	frischer Pflanzensaft verursacht Lichtüberempfindlichkeit der Haut; Tee nicht überdosieren
Schlehe								X			F, S	1 – 2	kräftigend; beruhigend
Schlüsselblume 60			X		X	X					W, F	2	auswurffördernd (Husten)
Sellerie			X				X	X			W	2	abführend
Senf, schwarz	X		X				X	X			S	2 ?	hautreizend; Pflaster gegen Organerkrankungen über zugehörigem Hautsegment

	E	EWG	Ge	HKB	N	LG	NB	MD	Sie	Er	P	V	
Senf, weiß	X		X	X	X			X			S	3	Hauterkrankungen; hautreizend
Senna 21								X			B, S	2	nicht für den Dauergebrauch, nicht für Schwangere geeignet
Sonnenhut 58	X	X									W, K	2	Hautkrankheiten, Wunden, Geschwüre, Frischpreßsaft abwehrsteigernd
Spargel			X	X			X	X			W	2	entwässernd, entschlackend
Spitzwegerich 59	X	X									K	1 ?	Erkrankungen der Atemwege
Steinklee-Arten		X	X	X							K	3	homöopathisch bei Kopfschmerzen
Stiefmütterchen 69		X	X				X	X			K	2 – 3	auswurffördernd; Hauterkrankungen
Stinkender Storchschnabel		X	X					X	X		K	2 ?	»Bitterstoff« noch unerforscht
Taigawurzel, Eleutherococcus											W	1	Stärkungsmittel zur Steigerung von Leistung und Abwehrkräften
Taubnessel, weiße					X		X				F, K	1 ?	Volksmedizin — gegen Periodenbeschwerden
Tausendguldenkraut 33			X	X	X			X			K	2	tonisierend, blutbildend, Fiebermittel
Teufelskralle 94		X									W	1 – 2	entschlackend, bei Rheuma
Thymian 109		X					X	X			K	1 ?	alle Arten von Husten
Veilchen	X		X				X	X	X		W	2	auswurffördernd
Vogelknöterich		X						X			K	1 ?	blutungsstillend
Wacholder 89, 93, 156		X	X				X	X			S	2 – 3	Hautkrankheiten; nierenreizend
Walderdbeere						X		X			S, B	1	Frostbeulen; Blätter in Teemischungen
Waldmeister											K	3	volksmedizinisch: magen-, darm- und leberwirksam
Walnußbaum		X						X			B	2	Hautkrankheiten
Wegwarte						X		X			W	2 ?	Milzmittel
Weide			X				X			X	R	2	nicht bei Schwangerschaft; Inhaltsstoff wie Aspirin
Weidenröschen 103							X				K	1	für die Prostata
Weinstock								X			S	1	durchblutungsfördernd, venenwirksam
Weißdorn 74			X								F	1	»kleine« Herztherapie
Wermut 34	X					X		X			K	3	Appetitlosigkeit
Ysop	X							X			K	2	bei Asthma bronchiale
Zimt								X			R	1 – 2	magenstärkend
(Zitronen-)Melisse 30, 81, 154					X			X			B	1 ?	gegen Übelkeit und Erbrechen; beruhigend

Die Gewürzpflanzen des Buches auf einen Blick

Heilpflanze	Geruch und Geschmack	Nutzen für die Verdauung	
Anis	Als Ganzdroge leicht würzig, gemahlen stärker würzig und süßlich. Geschmack: aromatisch erfrischend.	Macht schwere Speisen bekömmlicher und verhindert Blähungen.	
Basilikum	Riecht würzig und schmeckt scharf, aromatisch, würzig.	Förderlich für die Fettverdauung, appetitanregend.	
Chili	Riecht kaum, schmeckt sehr scharf.	Fördert die Durchblutung und regt den Appetit an.	
Dill	Riecht und schmeckt erfrischend aromatisch.	Leicht anregend für Galle und Leber.	
Fenchel	Riecht würzig, schmeckt süßlich, leicht brennend.	Macht schwere Speisen bekömmlicher und verhindert Blähungen.	
Gewürz-nelken	Riecht stark würzig, eigenartig, schmeckt brennend würzig.	Wirkt auf alle Verdauungsfunktionen günstig.	
Ingwer	Riecht kräftig würzig und schmeckt aromatisch brennend.	Fördert die Verdauung und regt den Appetit an.	
Knoblauch	Typischer Knoblauchgeruch, der nach Verzehr durch Haut und Atem verbreitet wird. Geschmack scharf.	Leicht verdauungsfördernd.	
Kümmel	Riecht und schmeckt stark würzig.	Macht blähende Gerichte bekömmlicher.	
Lorbeer	Riecht schwach aromatisch, schmeckt aromatisch, scharf, bitter, zusammenziehend.	Besonders in Suppen leicht appetitanregend.	
Majoran	Riecht aromatisch, schmeckt stark würzig, etwas süßlich.	Fördert die Fettverdauung und wirkt »verteilend«.	
Melisse	Riecht aromatisch und schmeckt erfrischend, aromatisch.	Windtreibend, appetitanregend.	
Muskatnuß	Riecht schwach aromatisch, schmeckt anfangs mild und später scharf würzig.	Fördert den Gallefluß.	
Paprika	Riecht aromatisch und schmeckt von mild bis sehr scharf (50 Sorten).	Verdauungsfördernd.	
Petersilie	Riecht scharf würzig, schmeckt brennend scharf.	Regt den Saftfluß leicht an.	
Pfeffer	Riecht scharf würzig, schmeckt brennend scharf.	Regt den Stoffwechsel an.	
Senf	Senfkörner sind geruchlos und schmecken aromatisch und leicht bitter.	Führt leicht ab.	
Thymian	Riecht stark aromatisch und schmeckt aromatisch-bitter.	Fördert die Verdauungssaftbildung, regt den Appetit an.	

Eigenschaften / Diäthinweise	Paßt zu folgenden Speisen
Erhöht die Galleausscheidung. Empfehlenswert für die Galle- und Leberdiät und für die Kost von Herzpatienten.	Anisbrot, Anisplätzchen, Suppen, Obstsalat, Rotkraut, Apfelmus, Pflaumen- und Birnenkompott.
Für Nierenkranke, Diabetiker und Herzpatienten zu empfehlen.	Fleischspeisen, Suppen, Wirsing, Kohl, Erbsen, Hammelfleisch, Kräuterbutter, Krabben, Muscheln.
Sparsam verwendet, bei Kreislaufstörungen empfehlenswert.	Tomatensauce, scharfe Fleischsaucen, Faschiertes (Hackfleisch), Gulasch, Ragout, Pasteten, Tatar, Tomatensuppe.
Für jede Diät empfehlenswert, besonders wenn Kochslaz verboten ist.	Gemüse, Suppen, Huhn, Karpfen, Forelle, Aal, Salz- und Bratkartoffeln, zum Einlegen von Gurken.
Empfehlenswert für die Galle- und Leberdiät und für die Kost von Herzpatienten.	Sauerkraut, Grüner und Gurkensalat, Karpfen, Rohkostplatte, Gemüse, Saucen, Pudding, süße Brotspeisen.
Typisches Süßspeisengewürz.	Süßspeisen, aber auch Sauerbraten, Fisch- und Hühnergerichte, rote Rüben, Pilzsaucen, Glühwein.
Für alle Diätformen (besonders die kochsalzfreie Diät) geeignet.	Obstsuppe, Obstsalat, Pudding, süßer Auflauf, Suppen, eingemachte Früchte, Getränke.
Enthält antibiotisch wirkende Stoffe, für alle Diätformen geeignet.	Sparsam zu Suppen, für alle Salate, Gemüse, Steaks, Saucen, Fleisch, Kartoffelsuppe, Käse- und Fleischfondue, pikanten Topfen (Quark).
Bestes Mittel gegen Blähungen, erhöht die Galleabsonderung.	Salzkartoffeln, Sauerkraut, rote Rüben, Käse, Topfen (Quark), fettes Fleisch, Thunfisch, Suppen.
Wird von jedermann vertragen.	Wildgerichte, Sauerkraut, rote Rüben, Käse, Quark, fettes Fleisch, Thunfisch, Suppen.
Regt die Nierentätigkeit an, für alle Diätformen geeignet.	Kartoffelsuppe, Pilzgerichte, Enten- und Gänsebraten, Hühner, Gemüse, Salate, Leber, für Rohkost und Diät, Saucen, Leberknödel.
Beseitigt Übelkeit, besonders für Galle- und Leberdiät zu empfehlen.	Kalbs- und Schweinefleisch, Karpfen, Blaufelchen, Lammbraten.
Für alle Diätformen geeignet, besonders für kochsalzfreie Diät.	Suppen, Saucen, Fleischbrühe, gebackener Fisch, Hackbraten, Kartoffelpüree, Spinat, Käseauflauf, Gebäck, Rind, Geflügel, Pastete, Ragout.
Vermehrt die Speichelmenge. Entlastet Herz und Kreislauf.	Tomatensauce, -suppe, Fleischsaucen, Hackbraten, Gulasch, Ragout.
Regt den Kreislauf an und ist auch in der Diät für Herzkranke erlaubt.	Fleischwaren, Suppen, Saucen, Salate, Hülsenfrüchte, Hackbraten, Steaks, gekochter Fisch.
Beseitigt Übelkeit, besonders für Galle- und Leberdiät zu empfehlen.	Kalbs- und Schweinefleisch, Karpfen, Blaufelchen, Lammbraten, Saucen, Hülsenfrüchte, Salate.
Vermehrt die Speichelabsonderung, sparsam verwendet ist er überall erlaubt.	Mayonnaisen, Ragout, Saucen, Marinaden, Aal, Wurstgewürz, Essigfrüchte, zu scharfen Speisen.
In der Diät für Diabetiker und Herzpatienten gern gesehen, hilft Salz sparen.	Braten, Saucen, Wurstwaren, Kartoffelgerichte, Gemüsesuppen, Rohkost, Eier, Hülsenfrüchte, Pilze, Tomaten, Salate, Fleisch.

Gesünder mit Kneipp!

Der Österreichische Kneippbund

ist ein gemeinnütziger Verein, der seine Tätigkeit — Informationen über Abhärtung durch Wasseranwendungen, Gesundheitsvorsorge, moderne Ernährung, Heilkräuter, Bewegung und Lebensordnung sowie ein umfassendes lokales und österreichweites Seminar- und Kursangebot — mit seinen 200 Kneippvereinen in ganz Österreich aus den Mitgliedsbeiträgen bestreitet.

50.000 Mitglieder gehören dem Österreichischen Kneippbund an, sie erhalten monatlich das Kneipp-Gesundheitsmagazin und werden zum aktuellen Vereinsprogramm eingeladen.

Wir laden auch Sie ein, bei uns Mitglied zu werden: Mitgliedsbeitrag ca. S 300.—/Jahr.

Die 200 Kneippvereine bieten:

Kneippgymnastik · Wirbelsäulengymnastik · Anti-Osteoporose-Training · Entspannungstraining · Seniorentanz · Schlank-mit-Kneipp-Gruppen · Vorträge · Diskussionsrunden · Wanderungen · Ausflüge · Kochkurse · Gesundheitsliteratur u. v. m.

ÖSTERREICHISCHER KNEIPPBUND
Kunigundenweg 10 · A-8700 Leoben · Telefon 0 38 42 / 2 16 82